モノづくり現場1年生の

生産管理

はじめてガイド

実践マネジメント研究会 編

日刊工業新聞社

はじめに

　モノをつくることは「生産」と呼ばれ、競争社会に生き残るために、生産対象が何であれ生産は必要不可欠な経済活動である。生産の目的は「良いモノを、より安く、早く、効率的につくる」ことである。しかし、多くの会社で不良品が発生し、手直しやクレームの多発によりムダな工数が増え、お客様指定の納期に間に合わないことが起こるなど問題となっている。

　特に時代の流れとともに、在庫に関する考え方は大きく変わり、在庫を多数抱えて運営していた1960年代の大量生産体制から、1985年頃より始まった多品種少量生産、さらに2000年代に入ると短納期即納体制へと変わってきた。このような中、生産の主要活動である「生産管理」も、歴史的に見ると大きく変化してきている。

生産管理（広義）の全体像を知ろう

　生産管理は、基本となる土台（5Sと報告・連絡・相談）をもとに、人のやる気に支えられている。生産管理の主な管理項目には、生産性向上や品質向上、コスト低減、納期短縮、安全性向上、モラール（やる気）向上、そして情報化促進と作業環境改善の8項目がある。この8項目を互いに関連させながら改善し、レベルアップさせていく。

　そして、その最終目標とするところは「利益の創出」である。生産管理（広義）の全体像は本書の9ページ（図1）に示している。

生産管理の3つの機能と範囲

　生産管理の機能には大きく3つあり、その主なものは次のようになっている。

①会社（工場）の全体最適化を目指して開発→生産→販売を統合管理し、市場変動に柔軟に対応するフレキシブルな生産体制を目指す

②市場のニーズに対応し、計画的かつ効果的な作業を作成・実施する

生産管理発展の歴史

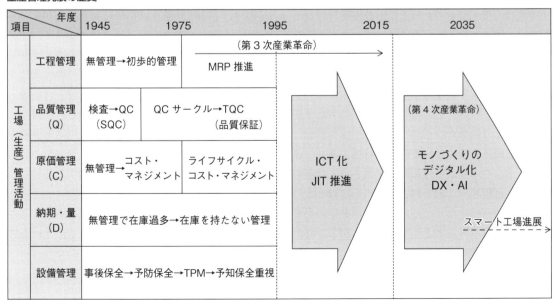

1

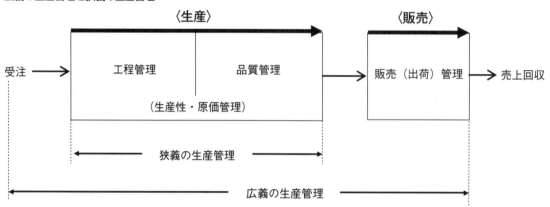

広義の生産管理と狭義の生産管理

③生産管理部門が各部門を取り仕切り、計画通りの生産で利益を獲得する

また、生産管理には狭義の生産管理と広義の生産管理がある。狭義の生産管理では工場内の工程進捗をスムーズに進め、工程管理と品質の維持とともに原価（コスト）を最小にし、生産性を向上させる管理を重視する。

一方、広義の生産管理では工場計画や受注管理から出荷（販売）管理までを対象とする。このほか、設備故障停止を最小限に抑える設備管理やタイムリーな資材の供給とともに、労務管理や作業環境管理、物流管理、外注管理も含む。

モノづくり管理を学ぶ留意点とは

本書は『モノづくり現場1年生の生産管理はじめてガイド』と称して、手に取っていただくみなさんに理解しやすいよう工夫を心掛けた。各ページ見開きの右側は、図表やイラストで重要ポイントをわかりやすく表現し、その解説を左側のページで説明しているため、はじめての人にも取り組みやすいようにした。

生産管理は会社ごとにそれぞれ特徴があり、はじめてもしくは生産管理部門に配属されて数年の人が、生産管理の基本を知るために手に取ったり管理方法に戸惑ったりしたときに、本書中の必要箇所を開いて読み返すと即実践につながる。また、巻末に「到達度評価チャート」を収録した。節目

（年に1回程度）ごとに評価し、理解度やレベルをチェックして次の目標管理に活かしてほしい。

評価の際、生産管理担当として1,2年目の人は初級編で評価チェックし、50点満点で30点以上が取れているかを確認するとよいだろう。未達の場合は評価5点満点中で1点・2点の項目を、本書の関連ページを読み返して3点以上を目指す。そして、初級合計で30点以上が取れるようになったら、レベルアップ編の評価チャートに挑んでみよう。なお、自己評価項目で評価に困った場合は、上司などに評価してもらう方法もあるので相談してほしい。

生産管理は会社業務を広範囲にカバーする業務であり、各現場業務を複眼的に見ることが求められる。このことにより、会社全般のシステム化必要項目や個別改善項目を知ることができ、各業務の担当と議論・検討することで、多くの改善に気づくことができる非常に恵まれた業務と言える。特に在庫過多や標準時間、品質問題などに対して、本書のテーマを下地に関連部門の人たちと議論をしながら改善につなげてほしい。生産管理のレベルを向上することにより、確実に儲かる会社になれる。

以上、みなさんが正しく生産管理を理解することで、会社の効率改善と利益向上に貢献されることを切に願っている。

モノづくり現場1年生の
生産管理はじめてガイド
目　次

はじめに ……………………………………………………………………………………… 1

第1章 "モノづくり"って何？
～お客様の期待に応える製品づくり～

1-1 身近な製品ができるまで …………………………………………………… 6
1-2 生産管理体系と機能 …………………………………………………………… 8
1-3 モノづくりの基本の大切さ ………………………………………………… 10

第2章 なぜ生産管理が必要なの？
～良い品質の製品を効率的につくる～

2-1 会社の中での生産部門の役割
　　❶商品開発と生産部門の役割と責任 …………………………………… 12
　　❷営業部門と生産部門の役割と責任 …………………………………… 14
　　❸生産管理の全体像 ………………………………………………………… 16
2-2 生産現場で起きる問題と影響の大きさ
　　❶品質問題の影響 …………………………………………………………… 18
　　❷コスト問題の影響 ………………………………………………………… 20
　　❸納期問題の影響 …………………………………………………………… 22
2-3 生産現場の7大任務
　　❶生産性 ……………………………………………………………………… 24
　　❷品質 ………………………………………………………………………… 26
　　❸コスト ……………………………………………………………………… 28
　　❹納期 ………………………………………………………………………… 30
　　❺安全、モラール、環境・情報 ………………………………………… 32

第3章 生産管理って何をするの？
～良いモノを利益が出るようにつくるために計画・管理する～

3-1 製品をつくる手順を考える
　　❶効率的な工程設計による効果 ………………………………………… 34

❷効率的な工程設計に必要な現場情報·····36

3-2 何をいつまでにどれだけつくるか計画する
❶月次計画から週間・当日計画へ·····38
❷計画変更への対応と備え·····40

3-3 コストが最小になるつくり方を決める
❶設備割当計画の目的と着眼点·····42
❷工数計画の目的と着眼点·····44
❸柔軟な人材配置と多能工化·····46
❹モチベーションの向上策·····48

3-4 計画通りに進んでいるか管理する
❶生産計画の進捗管理の必要性と方法·····50
❷人や設備の余力管理の必要性と方法·····52
❸原材料・仕掛品・製品など現品管理の必要性と方法·····54
❹不良・事故の事後的管理の必要性と方法·····56

3-5 良い品を安く仕入れる
❶資材・購買管理がされていない時の問題点·····58
❷適正価格で必要時に必要量を調達する·····60
❸適切な発注量設定の仕方·····62
❹適切な在庫管理の方法·····64

3-6 良い品質の製品をバラツキなくつくる
❶品質管理の変遷·····66
❷品質管理の７つ道具·····68
❸QCストーリー·····70
❹自工程完結の考え方·····72

3-7 きちんと加工できる設備を維持する
❶設備保全とは·····74
❷設備ロスの改善·····76
❸人的ロスの改善·····78
❹TPM·····80

3-8 コストをさまざまな方法で抑える
❶原価とは·····82
❷原価目標と実績の管理·····84
❸社内不良の低減方法·····86
❹納期短縮による原価低減の事例·····88

3-9 やる気のある職場をつくる
❶仕事の計画と振り返り·····90
❷危険予知訓練·····92

3-10 協力会社とうまく付き合う
❶協力会社活用の目的·····94

❷外注管理の実務のポイント ································· 96

第4章 生産現場の管理指標
～生産現場が達成すべき目標を明確にする～

4-1　収益性
　　❶労働生産性 ··· 98
　　❷売上高営業利益率 ·································· 100

4-2　原価
　　❶超過勤務時間 ······································· 102
　　❷作業能率 ··· 104

4-3　納期
　　❶納期遅延件数 ······································· 106
　　❷製造リードタイム ·································· 108

4-4　品質
　　❶不良率・歩留り ···································· 110
　　❷廃棄率 ··· 112

4-5　購買・外注
　　❶購買と外注品の購入の遅れ ······················ 114

第5章 モノづくり現場の基本手法

5-1　改善活動の基本 ···································· 116
5-2　IE手法 ··· 118
5-3　IoT化・協働ロボットの活用 ···················· 120
5-4　VA/VE ·· 122
5-5　作業標準の継続的改善 ···························· 124
5-6　目で見る管理 ······································ 126

到達度評価チャート【初級編】 ························ 128
到達度評価チャート【レベルアップ編】 ··············· 129
参考文献 ·· 131
執筆者紹介 ·· 132

身近な製品ができるまで

POINT
◆自動車業界では高品質でタイムリーな部品提供が必要
◆グローバルな競争激化は今後さらにQ（品質）・C（コスト）・D（納期）の高度化を要求

モノづくりにおける工程の流れ

製造業とひと口にいっても、つくる製品で生産工程の流れは大きく異なる。製造業の主な業界別の対象項目と代表的な工程の流れを図1に示す。

EVシフトでモノづくりに大きな変化

自動車業界は脱炭素社会への影響で、ガソリン車から電気自動車（EV）への流れが明確になった。100年に一度の大変革期といわれており、急激な変化が求められている。

自動車業界のモノづくりは、EV化されることにより、最も重量のあるエンジン関連が軽量化さ

れ、部品も現状の約3万点から半減し、ゆくゆくはさらなる部品の統合・標準化で7,000点程度になるともいわれている（図2）。これにより自動車の主要部品であったエンジン関連の業界は大幅な縮小となり、部品加工とともに、車両関連の生産工程と流れは大きな変化が見込まれる。

トヨタの将来は総合移動サービス事業へ

このような中、電気自動車への移行で車両メーカーは自動車の1台当たりの価格低下で、売上減も見込まれ、今後に向けてさまざまな対応が検討されている。そこでトヨタの動向を一例に、自動車業界の将来にスポットを当ててみたい。

トヨタは大変革期に向け、異業種であるソフトバンクなどと連携を始め、同業のマツダ、スズキ、スバルなどとも提携を結ぶ（図3）。当時の豊田章男社長は今後「移動に関わるサービスを提供する企業への転換」に力を注ぎ、自動車産業にも入り込む強敵IT巨人の「GAFA」に立ち向かうことを宣言している。

図1　主な業界別の対象項目と工程の流れ

```
(1) 自動車・機械
 ①対象業界
 ・自動車、自動車部品　・バイク、自転車
 ・建設機械、工作機械　・産業用ロボットなど
 ②生産工程の流れ
 ・図2に自動車業界の主な工程を示す

(2) エレクトロニクス機器・情報通信
 ①対象業界
 ・電機大手、白(黒)物家電　・パソコン、スマートフォン
 ・医療機器、電子部品　・IT、ソフトウェア
 ②生産工程の流れ
 ・素材メーカーから資材を購入し、必要部品を製造（また
　は外注加工）し、組立・販売

(3) 資源・エネルギー・素材
 ①対象業界
 ・電力、ガス　・水素、再生可能エネルギー
 ・鉄鋼、非鉄金属　・石油、化学、繊維
 ②生産工程の流れ
 ・この業界の生産工程は各種業界によって大きく異なるが、
　たとえば鉄鋼の場合は次のようになる
　[工程] 鉄屑収集→溶解→圧延→規定製品→各社加工

(4) 建設・不動産
 ①対象業界
 ・建設、不動産　・マンション、戸建て住宅
 ・リフォーム、リノベーション　・住宅設備
 ②生産工程の流れ
 ・建築関連は基礎工事→躯体構築→内装・外装などの工程
　に沿って、ほぼ外注業者への請負が多い
```

図3　トヨタ自動車の動向

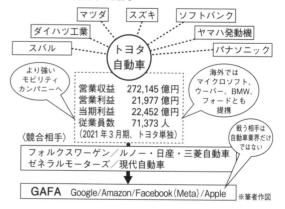

※筆者作図

図2　生産工程と流れ

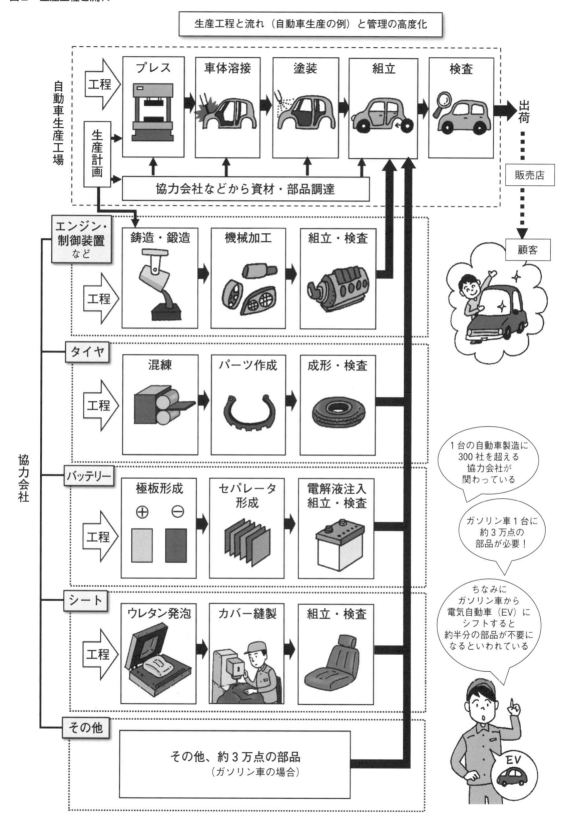

生産工程と流れ（自動車生産の例）と管理の高度化

1-2 生産管理体系と機能

POINT
◆生産管理の目的は、全体最適化で利益の最大化
◆生産管理は今後ますますフレキシブルな対応が求められる

広義の生産管理と狭義の生産管理(図1)

1. 広義の生産管理の構成要素

(1)生産システム開発

(2)狭義の生産管理(下記に分類)

・価値条件管理…工程(進捗)・原価・品質管理

・生産要素管理…労務(安全)・設備・資材管理

(3)生産(性)総合評価

・生産管理システム、生産システム評価

(4)生産管理技術

・IE、QC、OR、設備管理(TPM)、原価管理、資材管理(VA)、SE、人事管理(行動科学)など

2. 狭義の生産管理の構成要素

(1)生産計画

計画を大きく分けると、年・月次生産計画と、機能別では手順・工数・材料計画と日程計画に分けられ、さらに日程計画は大日程計画、中日程計画、小日程計画に分けて管理される。

(2)生産統制

生産統制は工程管理のことであり、作業手配、進捗管理および現品管理が行われる。

生産管理での受注形態

生産には以下のような、受注を受けて生産する受注(注文)生産と見込生産の2つの形態がある。

1. 受注生産

受注生産は個別の品目契約ごとに生産し、Q(品質)、C(コスト)、D(納期)を管理する。生産工程は次のようになる。

2. 見込生産

見込生産は売れることを見越して生産する方式で、市場では小売店の店頭商品に多く見られる。そこで競争優位になるような製品開発とコスト設計が必要で、同一製品が一定期間継続して生産される。顧客からの注文には在庫品引き当てで、即納する体制が必要で、生産工程は次のようになる。

生産管理の機能(図2)

1. 会社全体の最適化

生産管理部門は、生産の全体を取りまとめる中枢機能の役割を持っており、受注情報に基づき、生産準備と量産への移行を行う。そして市況の変動へもフレキシブルな生産対応を行い、顧客の要求に最大限対応できるようにする。

2. マネジメントの計画

生産管理部門は販売部門からの市況動向を分析し、設備投資の必要性や材料確保について先読みした計画への反映が重要である。これらの中で資材・販売部門や製造部門、そして品質管理部門などへ生産準備のための必要情報を的確に伝達し、管理の改善・効率化を推進することが求められる。

3. 確実な体制下でのコントロールの迅速化

生産管理部門が作成する生産計画については、各部門から信頼されるものでなければならない。そのためには、受注内容の確実な把握によって、製造各部門の能力を効果的に活かす"計画と統制"ができるように、日頃からシステム化とともに管理運営する人達の徹底した能力向上が必要となる。

図1 生産管理の体系図

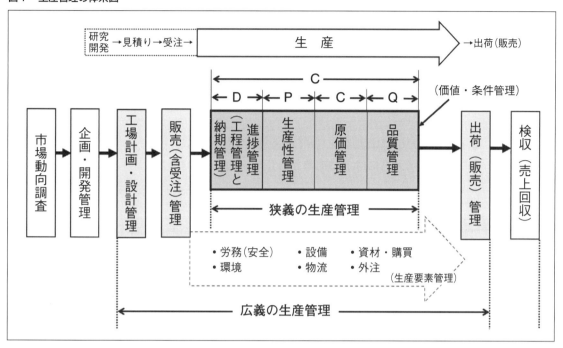

図2 生産管理の3つの機能

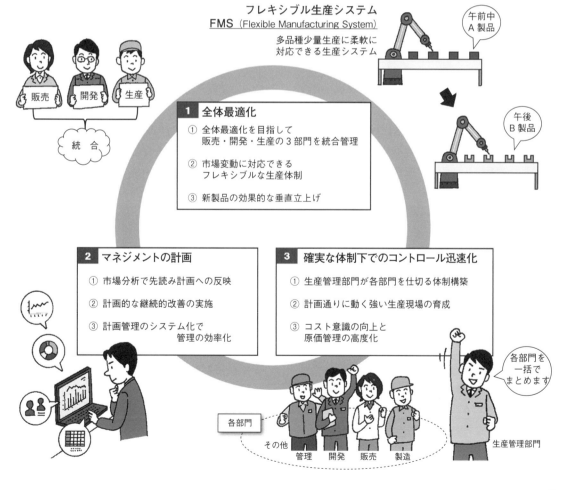

1-3 モノづくりの基本の大切さ

POINT
◆モノづくりの基本はQ・C・Dの継続的改善である
◆コストの考え方には3つあるが、正しいのは1つだけ

Q・C・Dの継続的な改善が基本

モノづくり企業が対象とする製品は、顧客にとって魅力的な製品であるか、または必要不可欠な製品でなければならない。これらの製品は常に継続的な改善向上が求められ、製造する企業での重点は"楽に・良い品を・早く・安く"で、徹底したQ（品質向上）・C（原価低減）・D（確実な納期）の管理が求められる（**図1**）。

1. 顧客が満足する品質

良い品質は、どの企業でも優先課題である。製造する企業において製造過程で品質不良が発生したのでは、不良損失・再製作でムダな工数が発生し、また納期遅れにつながる。

一方、購入する企業でも品質は優先課題である。部品を購入し、その企業で組み立てた製品を顧客に納入したところクレームが発生したのでは、大きな信用失墜となり得る。

2. 競争力のある製品コスト

コスト競争は国内のみならず、グローバルな競争が年々厳しくなってくる中で、1円でも安い価格が求められる。そこでコスト低減の推進は、今後とも非常に重要なテーマとなってくる。

3. タイムリーな納入と短い期間での生産

納期は守って当たり前である。顧客がほしい時に、ほしい量だけ、確実に納入する体制が必要となってくる。しかも今後は、顧客も製造元も極力在庫を少なくするために短い生産期間での生産・納入が求められる。

これができなければ、いかに安くて良い製品であったとしても、顧客をつなぎ止めることは難しくなってくる。

トヨタ生産方式でのコストの考え方

コストの考え方には、**図2**で示すように3通りある。この3つの計算式は項目を入れ替えただけでまったく同じことを示しているように見えるが、トヨタ生産方式（TPS）をつくった大野耐一氏によると、3つはまったく異なり、1つ目の「売価－原価＝利益」だけが正しい計算式だといわれている。そこで、その違いを理解し、今後の社内での教育指導に活かしていただきたい。

1. 売価－原価＝利益（これが正しい！）

売価（売値）は製品そのものの値打ちで決まってくるもの、すなわち顧客が製品の価値を認めて適正な価格だと判断したものになる。売値はもう決まっているため、この製品をつくるためにかかった金額（原価）を引いたものが利益となる。そこで利益を増やすためには原価を下げることが必要となり、つくり手は頭を使って何とか原価を下げる工夫をする。そして「常に原価は下げるためにある」と考える。だから、この考え方を持つことが仕事をしていく上でとても大切なことになる。

2. 利益＝売価－原価

これは利益を主体にした考え方である。売価が1万円で原価が8,000円の場合、利益は2,000円となる。利益を上げるために、たとえば製品に見栄えが良くなる加工をして売価を1万2,000円にすれば、利益は4,000円となる。これでは顧客のためになっておらず、企業の信頼度も上がらない。

3. 売価＝原価＋利益

利益がこれだけほしいから原価と合わせた売価を決める考え方。これはつくり手の都合だけを考えて売価を決めているため、顧客は納得しない。

図1　モノづくりの基本

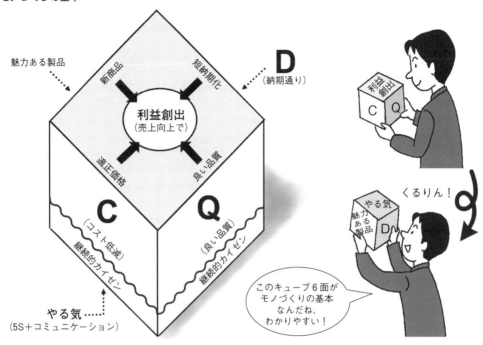

図2　コストの考え方

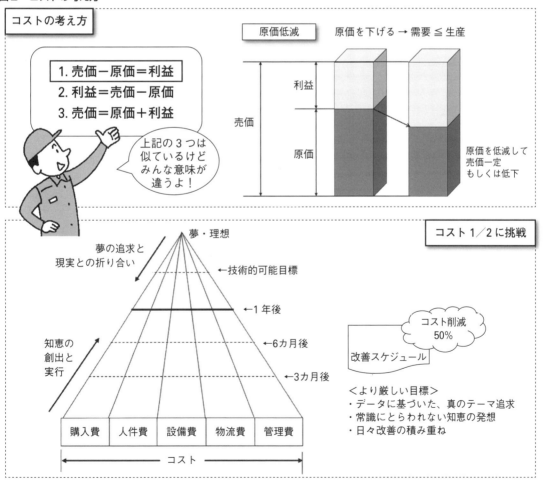

会社の中での生産部門の役割❶
商品開発と生産部門の役割と責任

◆売れる商品開発は的確な市場ニーズの把握から
◆生産部門の役割は改善による限りない生産技術の高度化にある

商品開発と効果的生産体制

1. 企業環境の変化と課題

わが国は高度成長を経て、1980年代になると円高とグローバル競争が激化する中、価格競争を有利にするため、製造拠点を海外に求めていった。結果として国内製造業が空洞化し、国際化を成功させて繁栄した企業もある一方で、国内においては製造業弱体化の問題を抱え、多くの企業が賃金アップのできない低成長を続けてきた。

現在、グローバルな競争相手国の中で、特に北欧諸国では、ICT化進展などで大きな生産性向上を成し遂げており、わが国との生産性格差はますます広がってきている。

2. 商品開発と改善合理化の重要性

今後これらの課題・問題点にどのように対応していけばよいのだろうか。考えなければならないこととして大きく次のような3項目がある。

①独自の付加価値の高い革新的技術開発での新商品開発
②合理化・省力化による生産性向上・コスト低減の推進（DXなどICT化を含む）
③労働・輸出などあらゆる分野で規制緩和の検討と推進

企業環境が追い風の時は資金的余裕もあり、上記のような項目（特に①の新商品開発）も実施できたが、現状のように企業環境が厳しくなってくると、資源配分も制約されてくる。

そこで特に商品開発では、他社との競争優位を確保・維持するため、目標を絞り込み、有効かつ効果的に進める必要がある。

3. 現状の商品開発と生産管理の役割

ここでは商品開発の役割と、これに応える生産部門の役割について述べる。

（1）現状の商品開発と生産管理（図1下）

商品開発では経営ビジョンに基づいた商品コンセプトの構築が重要である。営業の市場調査の中で商品開発のニーズを的確に捉え、製品計画～試作管理へ自社の持つ生産技術レベルに合致した形で進める必要がある。

生産時期・量に関する情報は営業と製造部門が密接に情報交換し、効果的な立上げ計画を基に、スムーズに運営することが望まれる。

4. これからの商品開発と生産管理（図1）

（1）商品開発の役割

市場の変化は時代とともに激化している。そこで営業部門を中心に市場ニーズを的確に捉え、新商品を企画・提案する必要がある。近年、特にCAD・CAM活用の設計力が向上しているので、これらの活用と、VA/VEの機能設計も併せて高付加価値の製品を開発することが期待される。

（2）生産管理の役割

顧客ニーズでは今後とも、なお一層多品種少量生産要求が厳しくなることが予想される。このような企業環境の中で、生産管理は製造各部門への事前情報連絡や材料・資材準備、人員配置などの効果的調整が必要となってくる。

また、多様な顧客ニーズに応えるためには、今後さらなる製造リードタイム短縮や、生産技術力の向上が必須である。生産技術力には、現場改善力の向上を主として、ロボット化、およびAI活用での自動化の推進も重要であり、「良い品質のモノをより安く」が求められる。

図1　現状の役割とこれからの生産管理

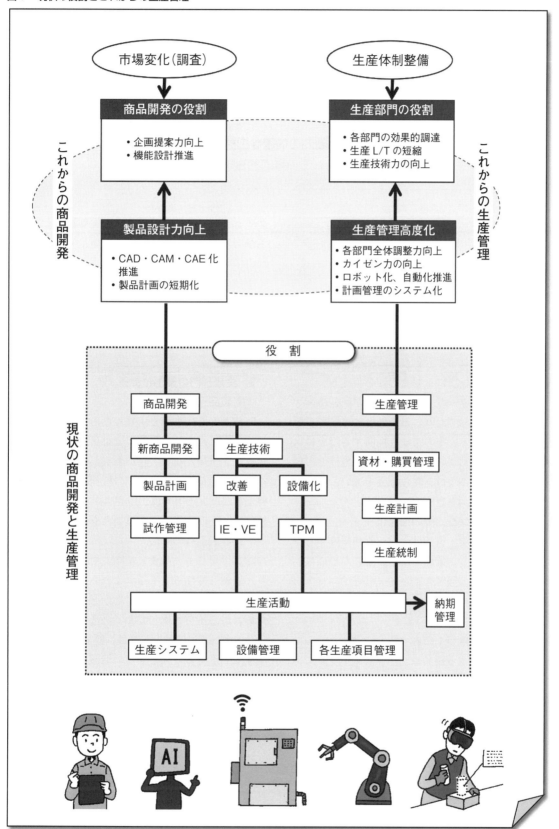

会社の中での生産部門の役割❷
営業部門と生産部門の役割と責任

POINT
◆営業部門の役割は、市場動向の的確な把握と安定受注の確保
◆生産部門の役割は、製造 L/T の徹底的短縮と儲かる生産体制

役割と責任 (図1)

1. 営業部門の役割と責任

(1)売れる商品づくりのための新製品開拓

製品ライフサイクルが短命化した現代では、営業部門は絶えず顧客のニーズ把握を行い、既存顧客、そして新規顧客開拓にアプローチしていかなければならない。中でも新製品の開発と新分野の開拓は、会社の発展に重要な影響を与える。

一般に「リーダー戦略を取る企業が利益の大半を取る」といわれており、競合他社に比べて新製品開拓が遅れると、その市場を挽回するためには大変な工数と費用が必要となる。競合他社との競争に遅れを取ることは、受注機会を失い、対象製品市場からの撤退を意味する。

(2)マーケティング活動の活発化

営業部門の役割・責任は、売れる仕組みづくりによる安定した受注確保である。そのためには、マーケティングで顧客の顕在的・潜在的ニーズを捉え、技術動向や市場環境を的確に把握しなければならない。

そして、製品価値を顧客の期待に適応させるためには、短命化する製品のライフサイクルも考慮しつつ、"売れる商品づくり"のためにVA/VEによる価値追究での新製品開発も望まれる。

また、製品を広く、より深く浸透させるためにはブランド化を推進することが重要となる。ブランド化のためには顧客が望む、価値あるより良い製品を品質保証し、継続的に向上させる努力が求められる。

(3)製造部門との確実・迅速な情報連絡

営業部門と生産部門の確実かつ迅速なコミュニケーションは特に重要である。情報遅れと不確実さがあると、次のような問題が発生する。営業部門の情報遅れと不確実さの問題点としては、

①生産能力が把握できておらず納期を守れない
②情報遅れで生産部門の製造準備・調整に遅れ
③製品ライフサイクル短縮化対応への遅れ
④システム化遅れで納期・在庫対応不備
などがある。

2. 生産部門の役割と責任

(1)新製品への対応

時代とともにますます短くなるライフサイクルに対応するため、生産部門では新製品の開発期間短縮化が重要となる。特に新製品開発では、生産技術部門のVA・VE活用での機能追究による新規機能製品開発とともに、IE活用による効率的生産技術、および設備計画が重要となる。

(2)既存製品への対応

顧客のコスト・品質・納期に対する要求は、より一層厳しくなってくる。これらの要求に対して生産部門でも次のような対応が必要となってくるため、対応策を準備しておく必要がある。

生産部門の対応策としては、顧客のQ・C・Dに関する高度化とコスト面での低減要求、納期への短納期かつフレキシブル対応が求められる。

これらのニーズに確実に対応するために、販売・生産部門の一貫システムはぜひとも必要で、在庫管理も含めた確実な管理体制が必要である。

また、営業部門からの受注増に対する設備投資のタイミングも重要である。そのタイミングの遅れとともに不十分な設備計画による製品立上げが長期化することは、企業競争力確保に大きなリスクとなる。

図1 営業部門と生産部門の問題点と原因および役割と責任

営業部門		共通問題点	生産部門	
役割と責任	原因	共通問題点	原因	役割と責任
新製品開拓と企業提案力向上	新製品開拓遅れ トップシェアを取る企業が利益の大半	①受注機会を失うことで、その製品市場から撤退	新製品開発に時間がかかる	新製品の拡充と機能設計（VE）力の向上
（安定）受注確保 機会損失しない	攻めの営業ができていない 売上迅速対応できず	②顧客のニーズやライバル製品の迅速動向把握ができず ③生産機会を失う	顧客ニーズへの対応不十分 タイムリーな生産できず	生産技術の高度化（Q・C・D） 生産へのフレキシブル対応
納期通りの確実な納品	生産能力の把握ができていない 情報伝達不足	④生産能力に柔軟性・安定性がない ⑤部門間の調整不備	設備故障、在庫欠品 生産管理部門の調整不十分	適切な設備保全と設備の効果的活用 部門間の効果的調整
効果的な市場動向への迅速対応	製品ライフサイクルが短くなっている	⑥製品開発費増大	人材育成の遅れ	設備、ICTの有効活用（CAD、AIの活用）
販売・生産の一貫システム構築	販売システム化の遅れ	⑦クレーム・納期対応不十分	生産システム対応の遅れ	販売・生産の一貫システム化
市場動向への対応	生産部門への適切販売情報遅れ	⑧（受注増に対し）設備投資タイミング遅れ	設備化検討遅れ	新設備の垂直立上げと適切な稼働管理
確実な納期管理	システム化遅れと管理が粗雑	⑨在庫増と在庫管理費増	システム化、標準化不十分	在庫管理の適正化

会社の中での生産部門の役割❸
生産管理の全体像

POINT
◆まず2Sなどによる土台構築と企業体質強化の仕組み構築
◆儲かる会社へはQCDなどの計画的な管理の高度化で

儲かる会社

1. 企業体質強化の重要性

企業体質の強化には、土台となる整理整頓（2S）を徹底するとともに、報告・連絡・相談でコミュニケーションを良くしてグループメンバーのチームワークを強めることがまず重要である。これらが不十分であると、上司による部下への厳しい叱責が基で若手の反目・退職などが発生し、士気高揚に大きな影響を与えることがある。

また、決められたことが守れない場合、たとえば不良品の処置（データ収集とPCへの入力）が確実に行われないことにより、データの不正確さで信頼できない管理データとして表れてくる。

継続的改善によるQ・C・Dなどの改善は人材育成の上で最も大切な方法であり、これが現場力向上・組織力向上、そして企業体質強化へつながってくる（図1）。

2. 管理項目設定の仕方の問題点

大多数の企業が毎年「年間計画」を作成し、一部では個人計画まで作成を推進しているところもある。しかし、各部門の課題を明確にし、それに対する問題点を徹底的に洗い出し、改善目標を明確に推進・フォローしているところが、果たしてどれくらいあるだろうか。

課題の捉え方で問題点と改善指向はいくらでも変わる。たとえば、図2で示すように生産性50％向上やコスト50％削減の場合と、各々が10％の場合とでは問題点の出方が大きく異なる。大切なことは課題を明確にした上で、毎年の目標とする重点を変えていき、Q・C・Dなどの目標レベルを継続的に確実に向上させていくことが大切である。

3. 管理の高度化

管理の高度化は何もICT化、ロボット化だけではない。自社の何が課題で、どこに問題があるのかを経営者・管理者が十分認識した上で、従業員へ周知徹底することが必要である。

図1で基本となるところの土台（5S・報連相）が不十分な会社では、まず土台部分をいかに徹底改善するかに重点を置くことが必要である。

次に、現場力・組織力の不十分な会社では、改善提案の活発化と良い風土づくりで、どうしたら人材育成ができるのかにウエイトを移し、改善目標を定めるとよいだろう。

また、土台ととも企業体質が強化できているところは、さらにその上のP・Q・C・D・S・M・I（またはE）の管理高度化のための仕組み（システム化を含む）で重点を定めてレベルアップしていくことで、利益管理の行き届いた"儲かる会社"になっていく。

図2　課題明確化で会社のあるべき姿（3年後）の明示

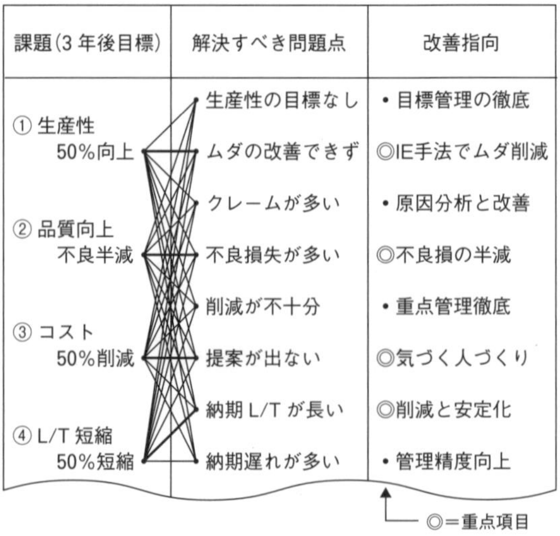

課題（3年後目標）	解決すべき問題点	改善指向
①生産性 50％向上	生産性の目標なし	・目標管理の徹底
	ムダの改善できず	◎IE手法でムダ削減
②品質向上 不良半減	クレームが多い	・原因分析と改善
	不良損失が多い	◎不良損の半減
③コスト 50％削減	削減が不十分	・重点管理徹底
	提案が出ない	◎気づく人づくり
④L/T短縮 50％短縮	納期L/Tが長い	◎削減と安定化
	納期遅れが多い	・管理精度向上

◎＝重点項目

図1　生産管理（広義）の全体像

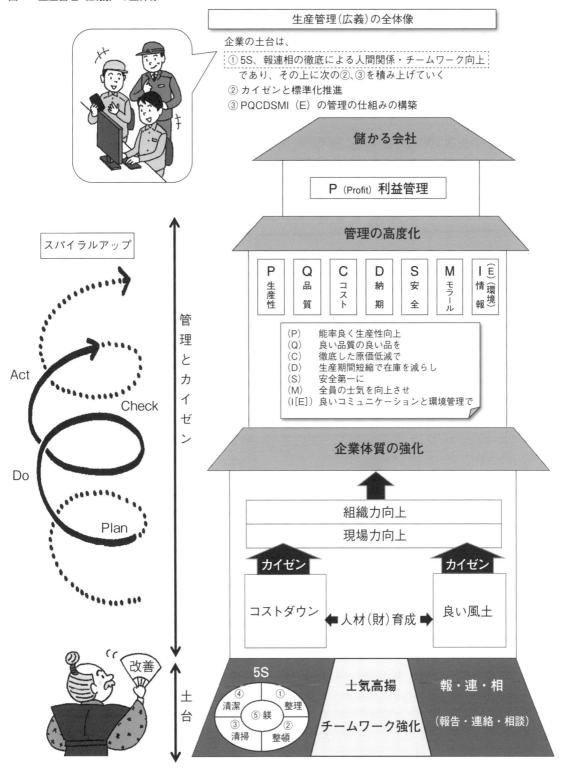

生産管理（広義）の全体像

企業の土台は、
① 5S、報連相の徹底による人間関係・チームワーク向上
　であり、その上に次の②、③を積み上げていく
② カイゼンと標準化推進
③ PQCDSMI（E）の管理の仕組みの構築

儲かる会社

P（Profit）利益管理

管理の高度化

| P 生産性 | Q 品質 | C コスト | D 納期 | S 安全 | M モラール | I（E）(環境) 情報 |

(P)　能率良く生産性向上
(Q)　良い品質の良い品を
(C)　徹底した原価低減で
(D)　生産期間短縮で在庫を減らし
(S)　安全第一に
(M)　全員の士気を向上させ
(I[E])　良いコミュニケーションと環境管理で

企業体質の強化

組織力向上
現場力向上

カイゼン　　　　　　　　　　カイゼン

コストダウン　←人材（財）育成→　良い風土

管理とカイゼン

スパイラルアップ

Act　Check　Do　Plan

5S
④清潔　①整理
③清掃　②整頓
⑤躾

士気高揚
チームワーク強化

報・連・相
（報告・連絡・相談）

改善

土台

生産現場で起きる問題と影響の大きさ❶
品質問題の影響

POINT
◆生産現場のあらゆる工程で品質問題は発生しうる
◆工程の下流に進むほど品質問題の影響は大きい

生産現場で起こるさまざまな品質問題

品質(Q)、コスト(C)、納期(D)は生産活動を支える最も重要な3要素であり、問題が発生した場合、その影響は多岐に及ぶ。

はじめに、生産現場で起こるさまざまな品質問題を、自社工場とその前工程の仕入先および後工程の納入先に分けて、仕入先から順に説明する。

1. 仕入先

製品をつくるためには、素材や部品など、仕入先からの調達が必要である。これらの素材、部品は仕入先に要求仕様を提示し製造してもらっているが、要求仕様と異なるものが製造される場合がある。たとえば寸法不良、材質違い、板厚違いなどがあり、仕入先の工程内で発生し、検査工程においてもこれらが発見されず、自社工場に納入されるケースである(図1)。

2. 自社工場

自社工場内の品質問題は、受入工程、加工・組付工程、検査工程にわたり発生する(図2)。

(1)受入工程

受入工程では仕入先から納入された部品に対して検査を行う。仕入先から不良品が納入された場合でも、自社の受入検査で不良を発見できれば返品できるが、受入検査で不良を発見できないことがある。たとえば、規格値を見落としたり、検査すべき寸法を見落としたりするケースである。

(2)加工・組付工程

加工・組付工程では仕入先から納入された素材や部品を加工したり、組付けを行うが、ここでも工作機械に加工データを間違って入力したり、組付けを間違えたりする場合がある。

(3)検査工程

検査工程には、加工・組付工程内での検査と出荷前の最終検査がある。いずれにおいても、検査方法、検査データの間違いや検査担当者のスキル不足により、不良を発見できない場合がある。

3. 納入先の受入工程

納入先へ不良品が納入されると、材質違いなどの場合は、見た目や寸法検査で発見できない場合がある(図3)。

品質問題が引き起こす影響

品質問題が引き起こす悪影響は以下の通り。

1. 仕入先工程

仕入先工程で不良が発生し、それを発見できた場合においても不良の手直しやつくり直しが必要なため、納期遅れにつながる。

2. 自社工場

素材や部品の受入検査工程で発見した場合においても、仕入先への返品で、自社工場の生産計画に遅れが出るといった悪影響がある。

加工・組付工程において不良を発見した場合はつくり直しや手直しが必要となり、納期遅延や費用増加といった悪影響につながる。製造工程の下流に進むほど、品質問題の影響は大きくなる。

3. 納入先

納入先に不良品を出荷してしまうと、さらにその先の最終ユーザーまで不良品が出回ることになる。そうすると、製品を全数チェック、回収するなどで高額な費用が必要となる。さらに納入先や最終ユーザーからの信用は失墜し、売上減少につながるとともに会社のブランド棄損につながり、重大な経営問題に発展する可能性がある。

図1 仕入先の品質問題と影響

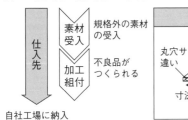
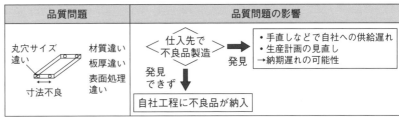

図2 自社工場の品質問題と影響

下流へ進むほど品質問題の影響は大きい

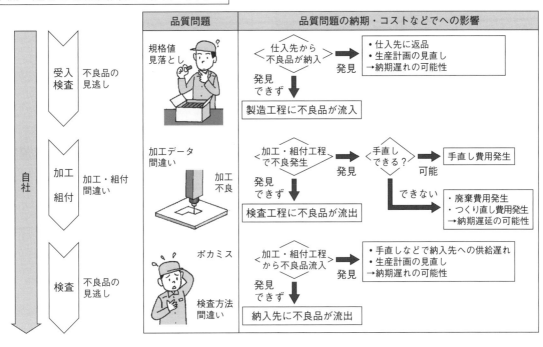

図3 納入先への影響

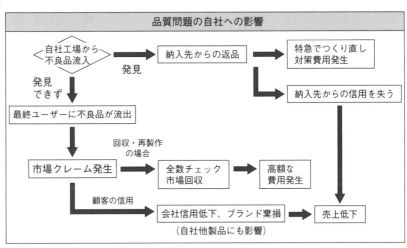

19

生産現場で起きる問題と影響の大きさ❷
コスト問題の影響

◆生産に関わるすべての業務はコストに換算される
◆コストが増加すると利益が減り、会社の競争力は低下する

コスト問題とは

かつての高度成長期のような、必要なものが行き渡っていない時代は、モノをつくれば売れる時代であった。そのため、売価決定権はつくり手側にあり、製造、販売時にかかるコストに利益を乗せて売価を決めることができた。

しかし、すでに必要なものは行き渡り、多くの競合品が出回る現在においては、売価決定権は買い手側にあり、製造業では利益を確保するためにコスト低減が必要となっている。

売上げ－コスト＝利益であるため、コストである製造原価が増加すると利益額が減少するという関係になっている。**図1**に示すように、計画時点で算出した製造原価が、製造後に集計してみると計画よりも増加していることがある。このようにコストが増えると利益は減り、損失を発生させてしまうこともある。これがコスト問題である。

製造原価とは何か

製造原価とは製品製造の費用（コスト）の合計で材料費・労務費・製造経費に分けられる（**図2**）。

1. 材料費
製造に必要な材料や購入部品の費用で、製造で使われる潤滑油といった消耗品なども含まれる。

2. 労務費
製品を製造する従業員の賃金などで、賞与や福利厚生費なども含まれる。

3. 製造経費
材料費や労務費に分類できないものを経費と呼ぶ。外注加工費、設備の原価償却費、工場で使うガス・水道・電気、燃料などの光熱費などがある。

製造原価はどんな場合に増えるか

1. 材料費（素材、部品など）の増加
当初計画していた原材料で使用量が増えた場合に材料費は増える。また、計画時点で想定していた単価が原油価格高騰などの環境要因で値上がりする場合も材料費は増える。

2. 労務費（工場で働く人の賃金など）の増加
当初計画していた作業時間より実際の作業時間が多くかかった場合、人件費は増える。当初計画の精度が低かったということが考えられる。

また、製造時に加工・組立ミスがあり、手直しのため残業対応を行うと、残業分の賃金や手当の上乗せで人件費は増加する。

加工・組立ミスによる手直し対応には、作業時間増加に伴う残業対応が必要である。品質確保、納期遵守のためであるが、最終的には工場で働く人の作業時間が増えることにつながる。そのため計画対比、人件費が増加することになり、最終的には製造原価の増加につながってしまう。

3. 製造経費の外注加工費の増加
当初計画していた外注加工費が、実際より多くかかってしまうと経費が増える。たとえば図面ミスなどが途中で発覚し、設計変更を行い、外注先に委託する図面が変更になるとつくり直しが発生して、外注加工費は増加する。

4. まとめ
このように、さまざまな理由でコストが増加して、利益を出す予定が、実際には損失を発生させていたということがある（**図3**）。

コスト問題は、会社に体力（競争力）を低下させるという大きな影響を及ぼす。

図1　コスト問題とは

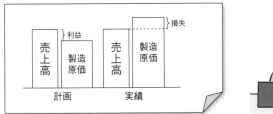

図2　製造原価にはどんなものがあるか

図3　製造原価はどんな場合に増えるか

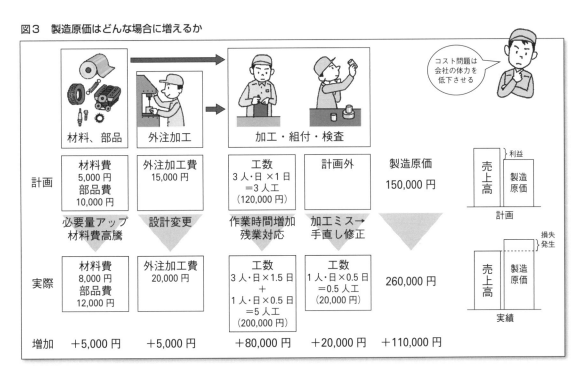

2-2 生産現場で起きる問題と影響の大きさ❸ 納期問題の影響

POINT
◆1つの部品でも納期に遅れると納入先の生産ラインは停止する
◆納期遅れは納入先とサプライチェーン全体に影響を及ぼす

納期の重要性

図1に、エアコン工場の生産ラインを示す。コンプレッサ、熱交換器、筐体を内作している工場を想定し、各工場にどのような材料や部品が納入されているかを示している。

多くの材料、部品が協力会社から納入され、熱交換器、コンプレッサを製造し、最終的にエアコン組立工場で完成品へと組み立てられる。1つの部品でも期日通りに納品できないと、エアコン工場の生産ラインは停止してしまう。

そのため、生産現場において「納期遵守」は最優先に取り組むべき事項の1つとなっている。

納期遅れとなる要因

図2に、日程通りに出荷ができず「納期遅れ」となる事例を、自社工場とその前工程である仕入先工程に分けて説明する。

1. 仕入先

製品をつくるためには、さまざまな素材や部品の必要数と納期を協力会社に発注することで、製造がスタートする。

この発注内容が間違っていた場合、必要な時期に、必要な個数納入がなされなくなり、自社工場の生産がストップして納期遅れになる。近年では、感染症の流行により協力会社で従業員の確保ができなかったり、海外工場から必要な部品を輸入できなかったりするケースもある。

2. 自社工場

(1)受入工程

受入工程では、協力会社から納入された素材、部品に対して検査を行う。もし検査工程で不良が

発見されたら、返品が必要となり、必要数量の確保ができず納期遅れにつながってしまう。

(2)加工・組付工程

加工・組付工程では、加工機のパラメータ設定間違いや、組付不良といった不具合があった場合、手直し、つくり直しが必要となってくる。こうした場合にも納期遅れにつながる場合がある。

また組付工数をあらかじめ検討して生産計画を作成しているはずだが、当初の想定以上に組付けに時間がかかる場合もある。

(3)検査工程

検査工程では、目視や検査装置を使って製品が規格を満足しているかを確認するが、規格外れを発見した場合は出荷停止となるため、その場合も納期遅れにつながる。

(1)、(2)、(3)のいずれの場合も、当初に立てた日程計画に対して、想定外のことが発生した場合に納期遅れとなる可能性があることを示している。納期遅れが発生すると、売上げが減少するだけでなく、会社の信用にも傷がつき、今後の取引停止など会社の年商の減少といった重大な問題にもつながってくる。

納期遅れが及ぼす影響

エアコンを例にとると、コンプレッサ、熱交換器など多くの部品のサプライチェーンでつながり、製品は成り立っている。

もし熱交換器の納期遅れが発生すると、最終製品の生産ラインに影響を及ぼすことになる。さらに影響はそれだけにとどまらず、サプライチェーンを担っているその他の部品メーカーの生産計画にも影響を及ぼすことになる(図3)。

図1　エアコン工場と納入部品

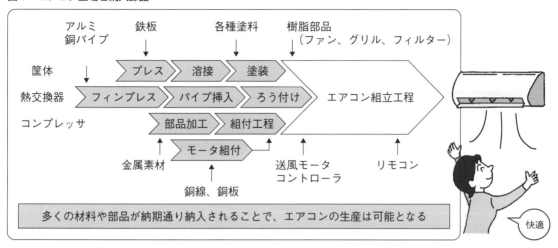

多くの材料や部品が納期通り納入されることで、エアコンの生産は可能となる

図2　「納期遅れ」となる要因の例

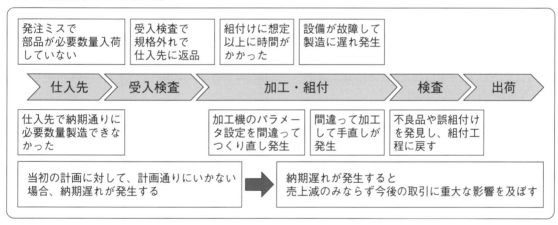

図3　納期遅れが及ぼす影響

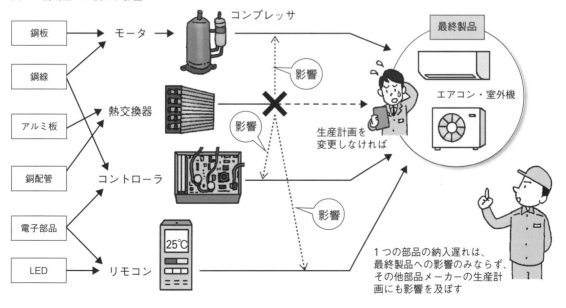

2-3 生産現場の7大任務❶ 生産性

> **POINT**
> ◆生産性は製品、工程、工場全体の生産効率を表す重要な指標
> ◆現場の改善活動で生産性は向上する

生産現場の7大任務

現場管理で最も重要な指標は、品質（Q）、コスト（C）、納期（D）であり、これらは生産活動を支える主要管理項目である。さらにQ、C、Dを実現するための管理項目として、S（安全）、M（やる気）、E（環境）またはI（情報）がある。これらに生産性（P）を入れたPQCDSME（またはI）が、現場管理の7大任務といわれている（**図1**）。

生産性とは

生産活動は生産要素の素材などを投入（インプット）して、より高い価値のモノに変換、産出（アウトプット）する活動である。

生産性とは、その生産活動で生じたアウトプットと投入したインプットを比較した計数である。生産性は生産の効率性を測る尺度として使われ、その算出式を**図2**に示す。インプット（投入量）は工数、材料などを用いる。アウトプット（産出量）としては、生産量や生産金額などを用いる。

生産性は数値が大きいほうが良い状態であることを示し、たとえばA製品の1月生産台数が10,000台、作業工数が1,000人月の場合、生産性は10.0台／人月と計算される。2月の生産台数が12,000台に増加し作業工数が1,100人月なら、生産性は10.9台／人月と計算され、生産性が9％上昇したことがわかる。

生産性は、製品や工程または工場全体の生産効率を把握するために欠かせない重要な指標である。

生産性指標の使い方

生産性指標は、製品ごとの比較や同一製品の期間推移把握のために使う。

たとえば、社内のA製品の生産性を1年後に30％向上させる目標を立てた場合、まず月次の実績値をプロットするグラフを作成する。そして1年後に生産性が30％向上する目標値到達ガイドラインをグラフ上に示す。

月ごとの生産性実績値をグラフにプロットし、生産性が目標に向かって向上しているかを月次で管理するために使うことができる。目標値到達ガイドラインを下回っていた場合、生産性向上の追加施策が必要であることがわかる（**図3**）。

生産性の上げ方

1．アウトプットの増加

生産量や生産金額の増加がアウトプットの増加となる。

たとえば段取り時間削減で正味作業時間を延ばしたり、設備改善でチョコ停を減らして設備稼働率を増加させたりすることで、アウトプットは増加する。

2．インプットの低減

使用する原材料の削減や、作業工数の削減によりインプットは減少する。たとえば、板金から4個しか抜けなかった製品の配置を工夫することで5個抜けると、歩留り向上（材料費の削減）につながりインプットが低減する（**図4**）。

また、代表的な業務改善の着眼点としてECRSの4原則があり、**図5**に示す。

インプット低減時の留意点は、業務改善などで工数削減できた分、その作業者に別の作業を担当させることである。さもないと会社全体の生産性が上がったことにならないので注意が必要である。

図 1　生産現場の 7 大任務

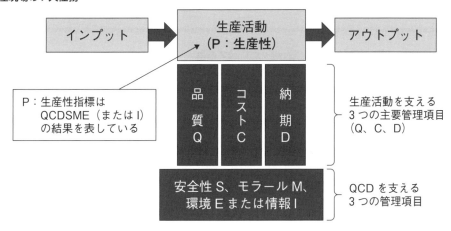

図 2　生産性とは

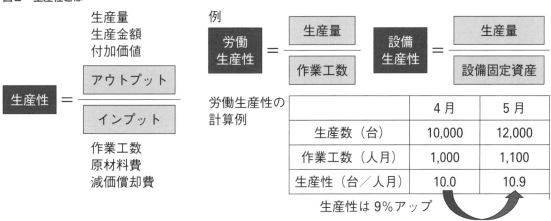

生産性は 9％アップ

図 3　生産性指標の使い方

生産性指標の使い方
①A 製品と B 製品で比較をする
②昨年と今年で比較する
③毎月の推移を比較する

例　③毎月の推移を比較する

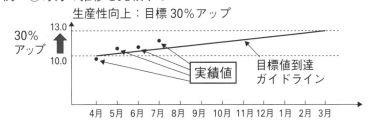

図 4　生産性の上げ方の例

インプットを下げる　板金 1 枚から製品にできる個数が 4 個 → 5 個

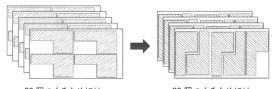

20 個つくるためには、
5 枚の板金が必要

20 個つくるためには、
4 枚の板金が必要

図 5　ECRS の 4 原則

排除（Eliminate）	作業、業務をなくせないか？
結合（Combine）	1 つにまとめられないか？
交換（Rearrange）	順序を入れ替えて効率向上できないか？
簡素化（Simplify）	単純に、簡素にできないか？

改善効果は排除が最も高い。その他、結合、交換、簡素化がある

2-3 生産現場の７大任務❷ 品質

◆製造部門の役割は「出来栄えの品質」のレベル向上
◆不良品を出さないための未然防止活動が最重要

品質とは

「品質」という言葉は、テレビや新聞など、いろいろなところで見聞きする。「○○製品は品質が悪く、使ってすぐ壊れた」、「このテレビは画質、音が良くて品質が高い」など日常生活で使う場合があるが、生産管理における「品質」について本項目で説明する。

「品質」とは、「顧客が要求する事項を満たす程度」である。自動車を例にとると、顧客の要求事項は加速性能、運転しやすさなどさまざまなものがある。たとえば、車の加速性能を考えた場合、高い加速性能を有し頻繁に故障する車と、通常の加速性能で故障しない車があった場合、品質が高いというのは故障しない車を指す。

加速性能の高低は製品仕様である。一方で、その加速性能をいつでも同じように使えることが、品質が高いということである。

狙いの品質と出来栄えの品質

製造業は顧客が欲する製品を開発・生産し販売するビジネスであるが、その製品の品質には「狙いの品質」と「出来栄えの品質」の２つがある。

狙いの品質と出来栄えの品質について、**図１**の製品開発フローで説明する。

営業、企画部門を中心に、市場調査などで顧客の声を集め、顧客が要求する商品とするため「企画品質」を決定する。

次に、設計部門で企画品質を実現するための狙いの品質を決める。評価、製造検討を経て狙いの品質の実現性を検証する。

製造部門では、図面、仕様書、作業要領書の指示に沿って、人、設備、材料、部品を用い加工を行って製品を製造する。製造部門はこの過程で規定された出来栄えの品質を管理する。

以上により、企画品質を設計、評価、生産技術部門において狙いの品質に変換し、製造部門で出来栄えの品質を管理する流れとなる。

不良品とは

不良品とは、品質の規格から外れて、顧客の要求を満たしていない製品のことある。

図２に示すように、不良には慢性不良と突発不良がある。突発不良は何らかの変化点が原因となることが多いが、慢性不良の場合は、工程能力が不足しているということである。

工程能力とは、品質特性値のバラツキのことであり、工程能力が低いと規格値外れで不良品をつくり出してしまう。これら突発不良、慢性不良を出さないため、製造部門では品質管理が重要な活動となっている。

未然防止とは

品質問題が発生した場合は、納期を守るため、まずは暫定処置として手直しなどで対応する。その後、是正処置として発生した不良に対して、原因を調査し、再発防止対策を取る必要がある。

一方で、予防処置とはまだ発生していない（発生しうる）不良に対する処置であり、この活動を未然防止活動という（**図３**）。品質問題がどのような原因で起こりうるかを事前に検討して、想定される原因を事前に除去する活動である。

品質管理は不良品を出さないための活動であり、未然防止活動が最も重要な活動である。

図1　狙いの品質と出来栄えの品質

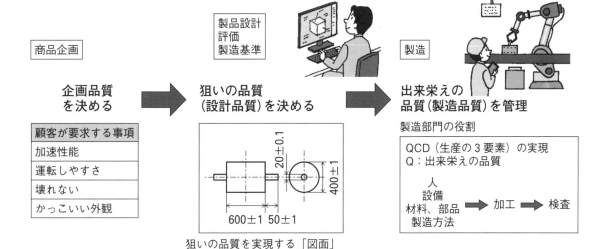

狙いの品質を実現する「図面」
「仕様書」「作業要領書」など作成

図2　不良の種類

慢性不良：工程能力不足により発生　　　　　　突発不良：何らかの変化点により発生

※工程能力：品質特性値のバラツキのこと

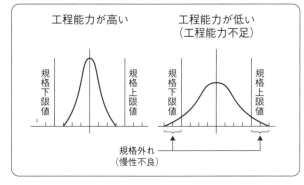

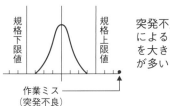

変化点の一例	不良の原因
製造機種、作業員変更	作業不慣れでミス
業務負荷が急激に増加	集中力低下でミス

突発不良は作業ミス
によるため、規格値
を大きく外れる場合
が多い

図3　未然防止活動

品質問題発生 →	暫定処置 →	是正処置	予防処置
処置の目的	納期を守る	品質問題の原因除去	品質問題の可能性除去
実施項目	手直しつくり直し	再発防止活動	未然防止活動

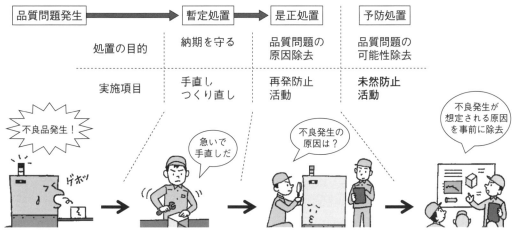

生産現場の７大任務❸ コスト

◆製造業にとってコスト競争力を高めることは永遠の課題
◆コスト削減には IE、VA/VE が有効

コストと生産性の関係

生産活動とは、生産要素である素材などを投入して、より高い価値のモノに変換する活動であるが、投入量を金額換算したものがコスト（＝原価）である。また、生産性は産出量を投入量で割った指標であるため、投入量である原価を低減すると生産性が向上することになる（**図1**）。

コスト低減は永遠の課題

現場において品質や納期は、不良や納期遅れといった結果がすぐ把握できるため、実感しやすい項目である。

一方、コストの場合、生産作業の結果がすぐにコスト換算できないため実感しづらいという面がある。さらにコスト集計は現場ではなく管理部門で行うことが多いため、生産現場ではコスト発生状況を直接把握しにくいといった側面もある。

しかし、会社が持続的に発展するためには利益が必要で、利益はコスト増加によって損失にもなり得る。よって継続的に利益を確保するため、原価低減活動は会社にとって企業存続の必要条件である。

原価低減方法

原価低減には IE、VA/VE などさまざまな方法がある（**表1**）。

IEとは、顧客の求めている品質・性能を最も安価なコストで、所定納期までにつくるため、工程や作業を分析し「ロス」や「ムダ」を見つけ、生産性を向上させる活動である（p.118で詳説）。

VA/VEとは、製品の「機能」と機能を実現す

るためにかける「コスト」の関係を把握し、同じ目的（機能）を果たすのにもっと安価で効果的な方法がないかを追究する手法である（p.122で詳説）。

VA/VE による原価低減事例

VA/VEでは、製品の価値(V)、機能(F)、コスト(C)は以下の式で表される。

価値(V)＝機能(F)/コスト(C)

価値を上げるためには、機能を一定、または向上させるか、コストを下げることが必要となる。また、コストが上がっても機能がそれ以上に上がれば価値は上がる。機能が同じであっても、コストを下げれば価値が上がる。

機械の制御装置ボックスを事例に、**図2**でVA/VE検討手順を紹介する。

ステップ1：機能抽出

制御装置ボックスの機能としては、制御装置を内部に収納するという機能と制御装置を機械に固定するという2つの機能がある。

ステップ2：機能を実現する手段・コスト検討

制御装置を機械に固定するという機能に着目して、機能を実現する手段を検討する。

現時点の固定手段は「ボルト」であるが、使用時に脱着の必要がなければ、リベット固定など他の手段が考えられる。さらに、固定強度が満足すれば接着剤での固定も考えられる。

ステップ3：機能とコストを比較して価値評価

手段を実現するためのコストと機能を比較して価値を算出して、価値が大きくなる手段を採用する。

このような発想で機能を維持して安価な工法、材料に変更することで、コスト低減が可能となる。

図1 コストと生産性の関係

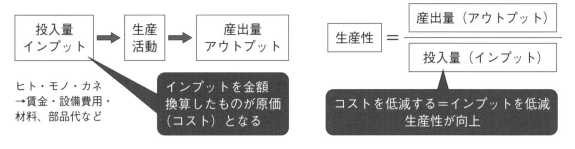

表1 IE と VA/VE による原価低減活動

	IE（生産工学）	VA/VE（価値工学）
目的	生産性向上	価値向上
内容	生産管理におけるムダ・ムラ・ムリを発見し、それらをなくして最適化	顧客要求の機能とそれを実現するコストの最適化
手法	方法研究（工程分析・動作研究）作業測定（稼働分析・時間研究）	機能分析

図2 VA/VE の検討事例

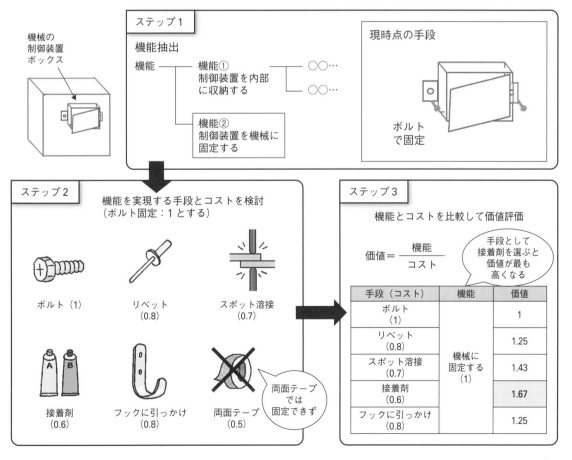

生産現場の７大任務❹
納期

POINT
◆納期遅れを防ぐには計画の精度アップと管理体制の整備が必要
◆納期遵守のためには、製造リードタイム短縮が有効

納期とは

納期とは製品の納品期日のことで、納期を守るということは、納入先と取り交わした「期日」に、指定の品目と数量を納入することである（**図1**）。

納期前に納入すると、納入先で保管の手間やコストが発生してしまう。納期後に納品すると生産が予定通り行えない。

特に、納品期日に遅れる（納期遅れ）は、納入先の生産がストップする大きな問題につながり、納期遵守は企業にとって当然のものとなっている。

そのため企業は、部品の「発注日」から納品期日（納期）までの生産の各工程に対して、生産計画を立て、計画通りに実行し、計画通りとなっているかの進捗管理（生産統制）を行っている。

生産管理とは

生産管理とは定められたQ（品質）、C（コスト）、D（納期）で生産するため、４M（人、設備、材料、方法）＋情報を駆使し、需要予測、生産計画、生産実施、生産統制を実行することである（**図2**）。

1. 需要予測（販売計画）

自社製品が自動車など完成品の部品となる場合は、納入先内示情報を基に販売計画を作成する。自社製品を顧客に販売する場合は、昨年実績や市場動向を見極めて販売計画を作成する。

2. 生産計画

生産量と生産時期に関する計画である。販売計画に基づき、いつ、どの機種を何台生産するのか日程を計画することである。必要作業、工程順序、作業条件を決めて、必要な人員数や使用する機械を決め、日程計画・工程計画などを作成する。

3. 生産実施・生産統制（工程管理）

生産計画通りに生産ができるよう生産活動をコントロールすることで、計画に対して進捗差異が生じた場合、対応策を立て差異を解消する。

進捗管理不備で納期遅れ発生

納期遅れが発生するのは、進捗管理などができていない場合が多い。以下に事例を示す（**図3**）。

販売計画、生産計画では、検討不足など、計画自体に問題があるケースがある。

生産実施の段階では、手配指示を間違えたり、手配指示を忘れたりといったケースがある。また不良品が出て、手直しが発生するケースもある。

生産統制（工程管理）では、管理体制ができていなかったり、管理者が管理を行っていなかったり、管理を作業者に任せていたりするケースがある。

しっかりとした計画を立て、進捗を管理する体制整備が納期遵守の第一歩である。

製造リードタイム短縮

納期遵守実現のため、リードタイム（L/T）の短縮は非常に有効な手段となる。特に製造L/Tは自社の改善努力がL/T短縮に直結し、効果が出やすい。

一般的な製造会社の製造L/Tには多くのロスを含んでいる。ロスは設備ロスと人的ロスの２つに大別され、ロス削減がL/T短縮となる。

設備ロスは、設備故障や段取り替えで設備を停止している時間などがある。人的ロスは、手待ちのムダや、動作のムダ、運搬のムダなどがある。これらのロスやムダの排除でL/T短縮だけでなく、製造費用低減や他社対比納入までの期間短縮で、会社の競争力アップにつながる（**表1**）。

図1 納期とリードタイム

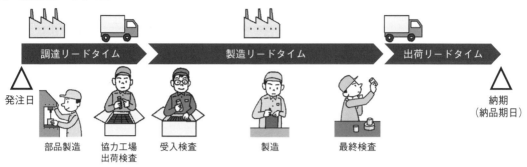

図2 生産管理の流れ（自動車の例）

生産管理	需要予測 （販売計画）	①取引先内示：取引先から発注計画を入手 ②売上予測：昨年までの売れ行きや市場動向から予測 ③…
	生産計画	①日程計画：日程に関する計画。月別生産量や日々の作業予定 ②工数計画：納期、生産量に応じ、必要な人員、機械を決め調整 ③手順計画：製品の設計情報から、必要作業、工程順序、作業条件を決める ④…
	生産実施 （生産手配）	①資材手配：生産に必要な原材料、部品を発注 ②外注手配：生産に必要な部品などを外部へ製造依頼 ③製造指示：生産計画に基づき製造現場に生産を指示 ④…
	生産統制 （工程管理）	①進捗管理：仕事の進度を把握し、進み具合を調整 ②余力管理：人や機械の能力と負荷を調整 ③現品管理（在庫管理）：部品などの所在と数量を確認し生産量、在庫量を調整 ④…

図3 なぜ納期遅れが発生するか

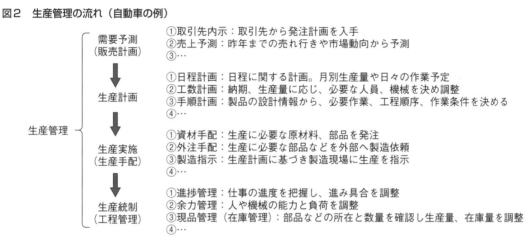

生産管理項目	納期遅れとなる要因の例
需要予測 （販売計画）	・需要予測の精度が低い ・計画のための情報が不足している
生産計画	・無理な計画となっている ・検討が不足している
生産実施 （生産手配）	・手配指示が計画通りでない ・手配指示の忘れ ・設備故障発生による稼働率低下
生産統制 （工程管理）	・管理がなされていない ・管理体制の不備

表1 製造リードタイム短縮

視点	設備視点	人的視点
改善ポイント	・段取り替え時間を短縮 ・TPM 活動により設備 　故障を減らす	・ムダな動作を減らす ・手待ちを減らす ・不良を減らす ・運搬経路を短縮する

2-3 生産現場の7大任務❺
安全、モラール、環境・情報

POINT
◆ QCD 実現のため安全、モラール、環境、情報が必要不可欠
◆生産現場において安全は何よりも優先すべき事項である

安全

1. 工場に潜む危険と災害

工場内は製造を行うための多くの資材、機械装置、搬送設備があり、運搬、加工に伴って人に危害を及ぼす可能性がある。

2. 労働災害

労働災害（労災）とは、業務上もしくは通勤途上に発生した負傷・疾病・障害・死亡である。業務上の死傷者数の原因の上位4つは、①転倒、②墜落・転落、③無理な動作、④挟まれ・巻き込まれであり、不安全な行動による場合が多い。図1に、令和2年の事故類型別の労災発生状況と工場内でよく見られる上位4つの労災について示す。

3. 労働災害の要因と対策

労働災害をもたらす事故は、不安全な行動と不安全な状態の組合せで発生し、それらは4つの基本的な原因（人的要因、設備要因、作業環境要因、管理要因）に分けられる。これらは個別、または組合せにより労働災害に至る。対策としては安全装備の着用、設備の安全装置、5Sの徹底、定期的な安全教育などがある（図2）。

モラール

モラール（やる気）とは、「集団の目標に向かって構成員の意志が統一され、目標達成に努力する気力に満ちた状態」である。

品質改善や納期遵守、コスト低減に向けて、トップが号令をかけたところで、従業員のやる気が不十分であると具体的な行動につながらず、改善活動も進んでいかない。モラール向上はQCD改善のエネルギーであるといえる。

環境

生産現場の安全確保のために、作業環境の整備は必要不可欠である。図3に、作業環境に問題がある状態と改善事例を示す。

工場内は大空間で、空間全体を空調することができない場合が多い。人間は寒冷に対しては服を着込むなどで対策可能であるが、高温条件に対しては耐性が低いため、管理者はスポットクーラーの活用など環境面の整備が必要である。また最近は作業服にファンを組み込んだ服が普及、効果も確認されているため積極的な活用を勧める。

工場内では、金属を加工する機械などから騒音が発生する。騒音環境に長くさらされると聴力低下の恐れがある。また騒音は精神疲労の原因にもつながるため、安全面・生産効率面から見ても騒音低減は必要である。騒音低減策としては、騒音源を遠ざけることや、防音壁で覆うことが考えられる。騒音源付近で作業が必要な場合は、作業時間をしっかりと把握して、長時間作業にならないよう管理が必要である。

情報

生産現場では、確実に効率良く生産活動を行うことが求められている。たとえば、生産計画が良くても、生産指示が現場に伝わらなければ生産活動は停滞する。

生産計画は確実に伝えなければならない。また、効率的に生産現場の情報を収集・伝達することが非常に重要である。たとえば現場がトラブルに直面した場合、ただちに現場に行き、現物を確認して、現実を正しく把握することが重要である。

図1 工場に潜む危険と災害

休業4日以上の死傷者数（2020年）

単位（人）

その他 46,527
転倒 30,929
墜落、転落 20,977
動作の反動、無理な動作 19,121
挟まれ、巻き込まれ 13,602

出典：厚生労働省労働基準局発表資料を筆者加工

床にこぼした
オイルに滑って転倒

無理な姿勢で
重量物持ち上げ
→ぎっくり腰

脚立で作業
して転落

ベルトへの
巻き込まれ
→指の切断

図2 労働災害の原因と対策

事故	不安全な行動 × 不安全な状態	Man	人的要因	当人やその周りの人に起因するもの　例：不注意

Man	人的要因	当人やその周りの人に起因するもの　例：不注意
Machine	設備要因	発生原因が機械や設備によるもの　例：安全装置なし
Media	作業環境要因	人と設備の関係に起因するもの　例：作業環境不適切
Management	管理要因	管理体制に関するもの　例：マニュアル不備、教育不足

要因

人的	設備	作業環境	管理
ヘルメットを被らず頭をぶつける	プレス機に手を入れてしまう	床に放置された資材につまずき転倒	不安定な状態で作業実施

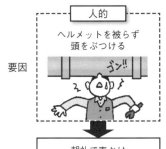

対策

朝礼で声かけ ヘルメットを被る習慣づけ	光線式安全装置を取り付け →手を入れたら機械停止	5Sの徹底 （整理、整頓、清掃、清潔、しつけ）	定期的な安全教育

コントロール
ボックス

光線式
安全装置

プレス操作
ボックス

図3 作業環境の改善事例

作業環境の問題点

気温・湿度　明るさ　騒音・振動

暑い…

くらい

うるさい！

	作業環境改善例
温度条件	スポットクーラーの設置、空調服の活用
騒音	防音壁設置、騒音源を遠ざける 騒音下の作業時間を減らす

製品をつくる手順を考える❶
効率的な工程設計による効果

◆工程設計の目的は良い品を低コストで効率良く生産すること
◆工程の流れ、使用する設備、設備の配置などを決める

工程設計とは

1. 工程設計の目的

工程設計の目的は、設計通りの良い品を、計画したコストで、計画した納期に、計画した量だけ、効率的に生産することである。工程設計の手順としては、主要工程を設計した後、それを細部の工程や作業レベルでの手順設計(作業計画・作業設計)へと落とし込んでいく。

2. 工程設計・工程表作成の進め方

工程設計では、生産方式に合わせて工程の流れを決め、設備配置・置き場などを決定する。その中で、個別仕様については、図面・仕様書の検討、品質・効率を考慮した加工順序の検討、仕様・材料の決定、内外作の検討を行い決定する(図1)。その他に、原価、目標品質の内容・水準、納期遵守に十分配慮することが求められる。また、生産品種・生産量に照らして、連続生産・ロット生産・個別生産の中から効率的な生産方式を選択する。

工程設計の内容をまとめたものが工程表である(図2)。工程表は、品質管理における「QC工程表」の形で作成されることもある。

効率的な工程設計(手順計画)による効果

加工順序の選び方によって、品質(加工精度やバラツキ)、工程間の運搬や停滞時間、生産リードタイムや納期遵守に大きな影響が出る。

効率的な工程設計ができれば、設備や人材(工数)をムダなく活用して、良い品を短い生産リードタイムでつくれるので、納期を守りやすくなる。また、受注増への対応も残業や休日出勤に頼ることなく社内で生産でき、その結果、外注出しも抑

制できる。さらに、良い品質でバラツキを少なく生産できるので、検査や手直しのコストも低減できる。その結果、顧客満足の向上とともに会社の利益にも貢献する。

効率的な工程設計の条件

1. 生産の流れ化

今日、顧客の短納期要求から、多種少量(もしくは中種中量)生産、および個別生産の生産形態が主流となっている。在庫を持つことで受注に対応することもできるが、頻繁な設計変更により不良在庫化、死蔵在庫化する恐れがあり、保管や運搬のコストもかかるので、極力在庫は少なくしたい。そこで、加工工程をできる限り連結して、工程間の停滞や運搬を少なくする「工程の流れ化」が工程設計の大きな課題となる。

2. 工程設計の基本事項の反映

良い工程設計の基本は、適切な材料の選択、適切な機械設備の活用、合理的な仕事のやり方についてよく考えられていることである。また、自社製品を開発・生産している製造業では、製品・部品設計の標準化への取組み、設計と生産部門との情報共有も重要な課題である。

図3に、良い工程設計の具体的な条件を記す。たとえば、材料については、選定した生産形態などに配慮した在庫管理方法の決定、機械設備については、現有機械を活用できる加工方法の選択、合理的な仕事の仕方では、作業者の身体的負荷の低減への配慮などである。部品設計の標準化については、部品を新たに設計・製造するのではなく規格品を使用する設計にしたり、共通化したりすることで、製造部門の負荷を軽減できる。

図1　工程設計・工程表作成の主要要素

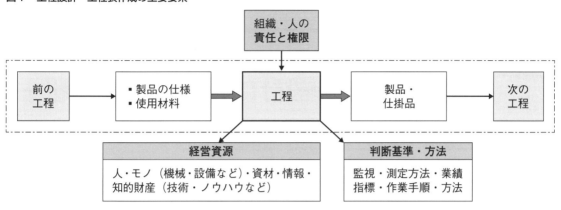

図2　工程表の例

製品名	自動車部品
部品名	ケース
材料	SUS400
仕様	別紙設計図
特徴	1枚の平板から7個取り

工程	数量	距離	時間	加工	運搬	保管	検査	工程内容	責任者
				工程					
材料保管	500枚		20日	○	⇨	▽	◇	倉庫に保管	資材担当
運搬	500枚	20m	2.5分	○	⇨	▽	◇	リフトでプレス機まで運搬	班長
加工準備	500枚	−	3分	○	⇨	▽	◇	材料の開梱・プレス加工準備	作業者A
プレス	3,500枚	−	100分	○	⇨	▽	◇	打ち抜き加工	作業者A
検査	30枚	−	10分	○	⇨	▽	◇	抜き取り検査	作業者A
運搬	3,500枚	50m	25分	○	⇨	▽	◇	第2プレス機へ	班長

図3　良い工程設計の条件

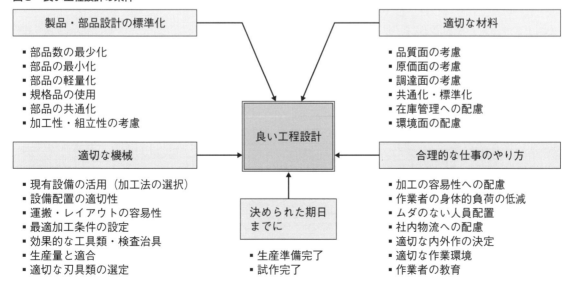

製品をつくる手順を考える❷
効率的な工程設計に必要な現場情報

◆工程分析でネック工程を発見し、改善重点を発見する
◆工程分析では工程図記号を活用して現状把握から改善活動へ

効率的な工程設計に必要な工程分析

1. 工程分析とは

工程分析は、工程設計の目的である品質・コスト・納期に対する顧客満足の向上や、生産に関わるムダの削減のために、工程の流れを分析し、問題点を探し、改善点を発見する手法である。

たとえば、機械部品加工のX社では、工程間に仕掛品が滞りがちで、生産が計画通り進まず、納期遅延直前に至ることが頻発した。そこで、どこに主要な問題があるのか、大きな視点で工程の流れを捉える目的で工程を分析した（図1）。工程表の基準時間と調査した実績平均時間を比較したところ、平面研削盤の工程で進捗が滞っていることが明確になった。この分析で短縮すべき時間も明らかになったので、製造リーダーは時間短縮の目標を定めて改善活動に入ることを決めた。

2. 工程分析に必要な現場情報

工程分析・工程改善には、現状の実態を正しく掌握する取組みが欠かせない。仮に最初の現状把握の時点で間違っていたら、改善策に取り組んだとしても本当の原因が残ったままになる問題は解決しないからである。

先のX社の事例では、平面研削盤の工程がネック工程となって生産の流れが滞っていることがわかった。改善活動では、当事者の討議の中で、平面研削盤を操作できる人材の手が空かない、機械が加工可能なワークのサイズに制約がある、などの現場情報が得られた。解決すべき問題が明確になったことで改善策の検討に移ることができた。

ところで、現場情報としてはデータを取り、事実を数字で捉えることが重要である。工程の問題の改善に取り組む現場の人たちの協力を得るためには、データで事実を示すことが効果的だからである。

工程分析の方法と活用法

工程分析では工程図記号を用いる。工程図記号は、全工程を加工、運搬、停滞、検査の4つに区分する（図2）。このうち価値を生むのは加工だけで、その他は価値を生まない仕事である。したがって、工程表に記した工程図記号に着目し、価値を生まない仕事を減らす改善策を検討していく。

参考例として、p.35の図2に工程図記号の使い方を表しているので参照いただきたい。なお、同工程表では、各工程の取扱数量や使用時間のほか、運搬の場合は移動距離も記している。

工程分析に基づく改善活動の結果を工程表に反映させて、全体に占める加工の時間の比率が高まっていれば、改善効果が現れているといえる。

改善事例

金型製作会社のY社では、工程分析をした結果、主力高速マシニングセンタ7台の稼働率に大きなバラツキのあることが判明した。その原因を探ってみると、マシニングセンタの機能・性能の問題ではなく、担当作業者のスキルに左右されていること、スキルの差は段取り替えの時間に特に表れていることがわかった。そこでY社は段取り替え時間の短縮を目的として工程分析を行うことにした。段取りの作業全体を見渡して、60秒以上を費やしている工程順に手順を書き出したことが特徴である（図3）。分析・検討を経て重点課題を選定して継続的改善に取り組んでいる。

図1　X社の工程分析（大きな視点から平面研削盤の工程がネック工程になっていることを確認した事例）

加工順序	設備	加工内容	運搬・段取りを含む 基準時間	運搬・段取りを含む 実績時間	運搬・段取りを含む 差	備考	作業者
加工設計	CAD・CAM	機械加工プログラム作成	7h 0min	6h 48min	▲12min	ワークサイズ 長さ2m、幅1.2m	設計
ワークの6面 粗削り	平面研削盤	歪み取り（4面）	5h 0min	6h 25min	85min	ワークの設置・面換えに 時間がかかる	A
形状の切削 粗加工	マシニング センタ	☆形状加工（ポケット加工など） ☆穴加工など	20h 0min	19h 53min	▲7min	—	B
6面面削加工	マシニング センタ	☆加工歪みの除去	5h 0min	6h 15min	75min	—	B
平面研削加工	平面研削盤	☆平面度・平行度を10μ以内	8h 0min	12h 30min	270min	作業者待ちの時間が発生	A
仕上げ切削加工	マシニング センタ	☆形状・穴の精度を10μ以内	20h 0min	20h 12min	12min	—	B
			65h 0min	72h 3min			

図2　工程図記号

工程	記号	意味	備考
加工	○	原材料、部品の形状、性質に変化を与える工程	段取り・ワークの取り付けや 調整作業を含む
運搬	○ 直径は加工の1/2	原材料、部品、製品の位置に変化を与える作業 （人手運搬の場合に用いる）	機械・機器運搬の場合は ⇨ を用いる
停滞	▽	原材料、部品、製品が保管されている状態 ・計画して蓄えている状態（貯蔵） ・計画に反して滞っている状態（停滞）	停滞の長さによって使い分ける 場合は下記の使い分けをする 工程の手待ち ▽　 D 遅れ
検査	□	・量・個数を計って基準との差異を知る工程 ・品質の基準と比較して良・不良を判定する工程	数量と品質を分ける場合は、 数量 □　品質 ◇ を用いる

図3　Y社の段取り替えの手順分析の事例

◎ 重点課題・優先的に取り組む
○ 取組み課題・半年以内に解決

	段取り替えの手順	時間（秒）	状態	問題点	課題	改善案	選定
1	位置決め用治具を用意する	30	内段取り	機械を止めて 作業	機械停止時間の 短縮	外段取り化	
2	ワークを機械に乗せる	628	重量物運搬 （クレーン）	2人作業のため 相方待ち	作業予定調整	朝礼の活用	◎
3	芯出しの微調整	635	調整	作業者がポカミ ス不安で慎重に なっている	ポカヨケの導入	位置決め治具の改善、早い人の 作業方法で作業標準作成・教育	◎
4	締め付ける	87	手作業	作業者による バラツキ	締め付け作業を 減らす	治具開発	○
5	刃物を機械にセットする	62		作業者による バラツキ		外段取り化	○
6	CAMデータを機械に取り込む	315	手入力あり	パラメータ入力 のポカミス			
7	工具位置（長さ）がデータと実際 で一致しているか確認	180	監視			短く・他の作業	
8	工具の出てくる順番を確認	313	監視	工具の移動距離 が長い	プログラム修正	マクロを活用して修正	
9	スタート	—	—	—	—		○
10	動作監視	328	監視	作業者による バラツキ	監視の不要化		

何をいつまでにどれだけつくるか計画する❶
月次計画から週間・当日計画へ

POINT
◆生産計画の立て方は生産形態（見込み・受注）によって異なる
◆週間・当日計画は、設備・人の配置を含めた生産の実行計画

生産計画の役割

1. 生産計画とは

生産計画とは、生産量と生産時期に関する計画のことで、どの製品をいくつ生産し、いつ出荷するかを決め、また、そのために必要な人・機械・原材料の調達について計画するものである。

2. 生産計画を立てる狙い（図1）

たとえば、空調機メーカーの場合、夏・冬に需要が膨れ上がるが、そのピーク時に合わせて生産するとしたら、そこに合わせた設備投資・人員手配が必要になる。そこで、あらかじめ製品別の需要を予測し、ピークを迎えるまでに一定量の製品、または仕掛品・部品の在庫を持つようにしている。このように需要を見通して生産能力とのバランスをとって生産を計画することにより、工場の操業度を最適化して効率的に生産することができる。その結果、顧客の「良い製品を、必要な時に、リーズナブルな価格で購入したい」という期待に応えることができる。

効率的な生産を実現する生産計画の課題

1. 生産形態別の生産の仕方（図2）

生産計画の立て方は生産形態（受注と生産の時期や生産品種、生産量、生産方式）によって異なり、良い製品を効率的にムダなく、必要な時に必要な量を生産するために最適な方法が選択される。

たとえば、スナック菓子では、卸・小売業からの受注に先立って販売量を予想して生産（見込生産）する。品種は少ないので一度に大量に生産（小品種多量生産）し、仕事の流し方は「連続生産」を中心としている。

その生産に必要となる設備に目を向けると、機械メーカーは、スナック菓子メーカーから仕様の提示を受けて受注した後に生産に着手し（受注生産）、一品一葉、または少数の生産（多種少量生産）を行う。この場合の生産形態は、生産台数に応じた個別生産または小ロット生産が用いられる。

2. 利益・顧客満足向上への生産計画の課題

今日、顧客の要求は多様化し、製品寿命は短期化し、ライバル会社との競争も厳しくなっている。その中で、顧客のニーズへのきめ細かな対応とともに、必要な時に必要量の製品を提供することが求められている。そこで、受注生産でありながら部品は見込生産をするなどの生産計画が必要となるケースもある。

大日程計画から中日程計画・小日程計画へ

製造業の多くは、顧客から受注生産をしている。金型のように仕様が1つひとつ異なる製品の他は、顧客から3カ月〜半年先までの発注内容の見通しを提示されることが多い。その情報を吟味し、いつ頃にどのような製品を生産するのか、工場の生産能力と比較してどうか、原材料や人の手配はどうか、といった大枠の見通しを早い段階から立てることで、効率的な生産が可能となる。

計画の最初は大日程計画である。大日程計画では、生産品目・生産量を予想して生産の大枠を決め、必要な設備の発注、調達期間が長い原材料を発注する。中日程計画では、当月・翌月・翌々月の生産計画を立て、設備・人・原材料の手配と配置を具体化する。小日程計画は実行計画であり、1日単位で生産する製品と数量を決め、毎日見直しを行う（図3）。

図1　生産計画のインプットと作成の目的

・生産計画は需要予測または販売予測に基づいて作成する
・顧客からの受注によって生産する場合は、発注前の内示情報に基づいて生産計画を立てる

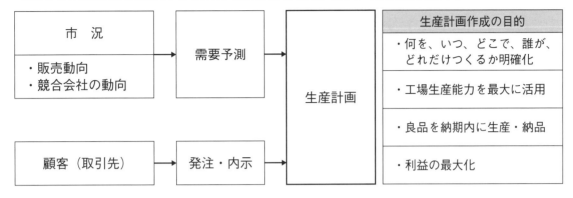

図2　生産形態の区分と特徴

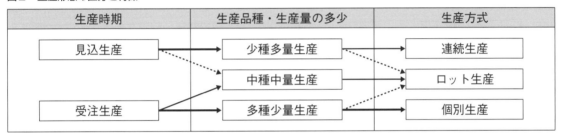

比較項目	見込生産	受注生産
①生産時期	あらかじめ生産し、受注後納品	受注した後、生産
②製品仕様	標準仕様品	特殊仕様（個別顧客仕様）
③製品在庫	有	無
④緩衝機能（受注と生産のギャップ）	製品在庫・仕掛品在庫の利用	生産能力（短リードタイム）

図3　大日程計画・中日程計画・小日程計画

・大日程計画から順に中日程計画、小日程計画へと具体化していく。小日程計画は実行計画として具体化する
・小日程計画は、1日単位で1週間の実行計画を作成し、1週間の仕事を見通す
・当日計画は進捗状況に応じて毎日見直す

区分	特徴		実施内容
大日程計画 （3カ月～1年）	大きな方向性を決める	設備	製品の特徴や生産量を予想し、設備を用意
		人材	必要な技能を備えた人材を採用、育成
		原材料	調達期間が長い原材料を発注
中日程計画 （1カ月～3カ月）	当月、翌月、翌々月の生産計画を立てる	設備	短納期調達できる設備の発注、治工具の発注
		人材	工程ごとの計画工数に応じて人員を配置
		原材料	生産に必要な原材料を確実に発注
小日程計画 （1日～1週間）	1日単位で生産する製品と数量を決める	設備	工程・設備・作業者別に作業を割り当て、1日の時間単位で具体的に計画する。毎日見直しを行う
		人材	
		原材料	

3-2 何をいつまでにどれだけつくるか計画する❷
計画変更への対応と備え

◆生産リードタイムの短縮で、生産変更への対応能力を高めよう
◆週単位の生産計画の運用が、計画変更への対応能力を高める

計画変更の原因

今日、生産計画が変更なしにそのまま実施されることはほとんどない。多くの製造部門は、中日程計画、小日程計画(週間計画・当日計画)の変更に追われている(図1)。計画変更が起きる原因を見てみよう。

1. 需要見通しや顧客からの受注計画の変更

多くの産業で、自動車・家電製品などのメーカーのもとに部品生産や加工を行う協力会社が多層で連なっている。そのメーカーの生産計画が変わると、協力会社の生産計画も変更が必要となる。

メーカーの協力会社としては、生産計画の変更は避けられないので、計画と実際の発注の差異への対応能力をいかに高めるかが課題となる。この課題解決のために目指すべき方向性は、生産の流れ化による生産リードタイムの短縮である。生産リードタイムの短縮によって、月間・週間計画を柔軟性の高い計画にできるからである。

2. 生産の実施に関する諸条件の変化

生産計画の変更は、生産実施の条件変化によっても発生する。たとえば、半導体の調達不足や海外工場の部品生産の停滞、自動車部品のリコールが発生すると製品メーカーの生産計画は変更を余儀なくされる。また、製造現場では、急ぎの発注や仕様の変更などへの対応の他、設備の稼働具合、外注した仕事の納期遅れ、生産の進捗状況などによって小日程計画の変更が余儀なくされる。

生産計画の変更から発生する問題

小日程計画で変更が発生すると、生産現場の負担は大きく、混乱が生じがちになる。製造する品目や仕様が変更されると、機械加工プログラムの変更時間が必要となり、また、原材料の在庫・現品確認、製造工程の変更に伴う設備の段取り替え、人員配置の変更、原材料・部品・仕掛品の置き換えに伴う構内物流の発生など、さまざまな関連業務を引き起こすからである(図2)。混乱が容易に解消できず生産に遅れが発生すると、顧客への納期を守るために、残業や休日出勤で混乱による生産の遅れを取り戻すことになる。また、その問題解決策として協力会社に外注することもあるが、その時はコストが大きくなり、利益が出ないことになりかねない。

小日程計画の変更を抑えるための対策

計画変更の発生が避けられない中で、コストを抑え、納期を守るためには、多品種少量生産への対応能力を高めることが1つの方向性となる。

もう1つの方向性は、週単位の生産計画の活用である。受注の確定の度合い、生産の進捗状況を掌握するには月間計画では長すぎ、また、作業者の立場に立つと1週間くらいの仕事の内容・量の見通しをつけておきたいからである。

具体的には、当月計画については設備・作業者の割り当てなどを週単位で4週分計画する(図3)。4週の計画のうち、第1週の計画は実行計画として確定し、残る3週は内定の状態とする。第1週の終了時、内定状態の第2週の計画に微調整を加え、次の3週間の各週の計画も見直す。週計画を立てるのにパワーが必要となるが、確定した週間実行計画については極力変更しないように運用することで、計画変更による現場の負担とそれに起因するコスト増を抑えることができる。

図1　生産計画変更の原因

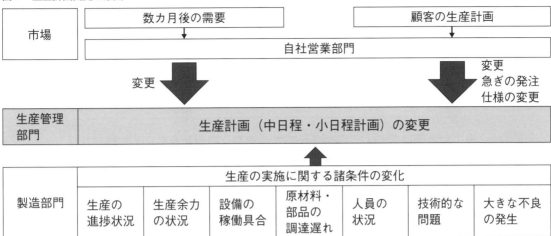

図2　生産計画の変更から発生する問題

図3　週間生産計画の運用方法

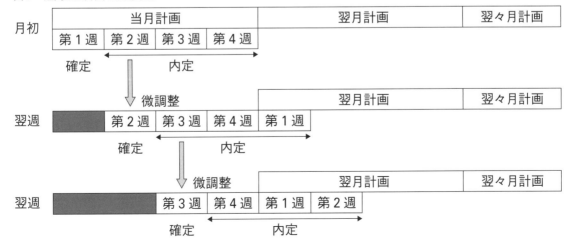

コストが最小になるつくり方を決める❶
設備割当計画の目的と着眼点

POINT
◆工程計画は週間・当日生産計画での資源（設備を含む）の割当て
◆加工機械の高い稼働率、不良発生の防止が課題となる

工程計画で設備割当の対象となる設備

1．工程計画とは

　工程計画とは、長期的には中長期の事業計画に基づいて、リードタイム短縮、コスト低減、投資回収期間などの視点から内作に必要な資源を計画することを指し、短期的には週間・当日生産計画で資源の割当てを行うことを指す。

　工程計画の目的は、高い生産効率、良い品質、原価低減、短い生産リードタイムの実現にある。

2．工程計画で設備割当の対象となる設備

　設備割当の計画の対象は、生産設備、ソフトウェア、事務作業設備などに及ぶ（図1）。

(1)生産設備（機械を含む）

　生産設備には加工機だけでなく、運搬・検査設備、金型、治工具（加工・検査）、刃物が含まれる。たとえば、高い加工精度、位置決めの時間短縮のための加工治具の開発・必要数の導入、加工条件で指定された刃物の必要数の手配、機械のメンテナンスなども計画の対象となる。

(2)ソフトウェア

　ソフトウェアは生産設備の多くに内蔵されており、内蔵ソフトウェアはCAD・CAMと連動することで生産現場の生産性を高めている（CADによる設計データがCAMに引き渡されて機械加工プログラムが生成され、設備の内蔵プログラムを作動させる）。

(3)事務機器・ソフトウェア

　パソコンや、部品発注などのためのMRP（資材所要量計画）、生産管理システムが主なものである。最近は、タブレットやスマホを端末として、社内無線通信で即時に情報共有するための取組みや

RPA（定型事務作業の自動化）の導入が進んでいる。

3．工程計画上の設備に関する今日的な課題

　今日、海外企業を含めたライバル会社との競争力向上が製造業のテーマとなっている。その対策として、多台持ち（1人で多数の設備の運転を担当すること）・多工程持ちの推進、設備の自動化・夜間自動運転の活用の促進、IoT化やAI活用などのIT活用レベルの向上が課題となっている。

週間・当日計画での設備割当計画

1．週間・当日生産計画での設備計画

　生産計画を達成するように設備を割り当てる。

　図2は、ある金属加工製品をつくる企業の基本工程と工程ごとに保有する設備を一覧化したものである。同一工程の設備でも、性能や加工可能なワーク（材料）のサイズなどが異なる。この設備の中からそれぞれの製品製造に適した設備を選定し、設備の稼働が全体として高い水準になるように割当てを決める。そして、週間・当日生産計画達成の見通しを立てる。見通しが立たない時は、計画の見直しが必要になる。

　設備を割り当てたら、金型、治工具、刃物を整えて、設備の加工能力を最大化するように準備を整える。

2．設備割当の着眼点

　設備割当では、加工機械の稼働率、不良発生の防止が課題となる。そこで、段取り替えの回数が少なくなるように生産品目・生産順序に配慮して設備稼働率を高める他、過去の不良発生実績なども参考にして個別の設備の特性と加工内容の特徴に配慮して設備を割り当てる。また、設備のレイアウト状況による効率性にも配慮が必要である。

図1　工程計画で設備割当の対象となる設備の範囲

設備割当計画の対象	・生産設備、ソフトウェア、事務作業
設備割当計画の目的	・高い生産効率、良い品質、原価低減、短い生産リードタイムの実現 ・小日程計画（週間・当日計画）で設備の割当てを行う 　当日計画では、機械トラブル・不良発生・顧客からの特急対応への調整を行う
今日的な課題	・自動化、夜間自動運転の促進（→生産性向上） ・IoT化による省力化・設備の可用性の向上・情報共有の促進

		代表的な設備				狙い
設備割当計画の対象	生産設備	機械設備（加工・運搬・検査）	金型	治工具	刃物	・高い生産効率 ・良い品質
	ソフトウェア	CAD・CAM	CAE（シミュレーション）	設備保全管理システム スマートファクトリー		・効率的な設計作業 ・設備の高い可用性
	事務機器・ソフトウェア	パソコン	携帯端末（スマホなど）	通信環境（セキュリティなど）	MRPソフト（資材所要量計画） RPAソフト（事務用ロボット）	・情報共有の促進 ・間接業務の効率化

図2　設備の割当て（事例）

加工順序	設備の選択肢			
加工設計	CAD・CAM ①	CAD・CAM ②		
鋼材切断（平板・丸棒）	レーザー加工機 ①	レーザー加工機 ②	シャーリング	バンドソー
バリ取り	グラインダー ①	グラインダー ②		
穴あけ・ねじ切り	マシニングセンタ ①	マシニングセンタ ②	ボール盤	
曲げ加工	ベンダープレス ①	ベンダープレス ②		
溶接	アーク溶接 ①	アーク溶接 ②	アーク溶接 ③	溶接ロボット

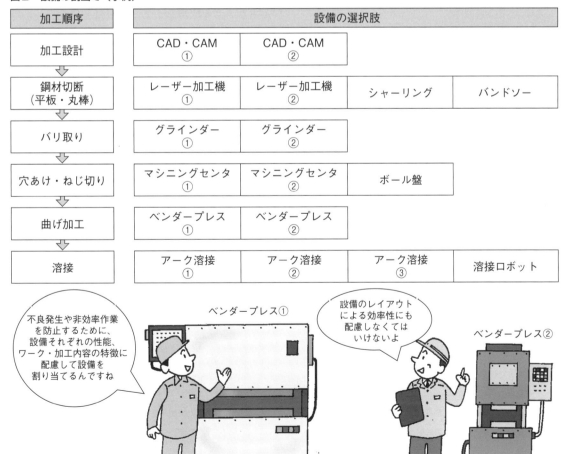

不良発生や非効率作業を防止するために、設備それぞれの性能、ワーク・加工内容の特徴に配慮して設備を割り当てるんですね

設備のレイアウトによる効率性にも配慮しなくてはいけないよ

ベンダープレス①

ベンダープレス②

コストが最小になるつくり方を決める❷
工数計画の目的と着眼点

◆工数計画の目的は仕事量と保有工数の間の効率を高めること
◆工数計画は全体最適化で利益が出るように作成

工数計画とは

1. 工数とは

工数とは、ある仕事を完了するのに必要な作業時間（時間×人数）のこと。単位は、人月（にんげつ）、人日（にんにち）がよく用いられる。

計画している製品の生産に必要な仕事量を作業時間に換算して見積もる時、また、自社が所定の期間内に投入できる作業時間（＝保有工数）を見積もる時に用いられる。

2. 工数計画とは

工数計画の目的は、定められた納期を守り、製造原価が最小になるよう、いつ、どれだけの工数を投入し、どの製品をいくつ、どのような生産設備を用いて製造するかを決めることである。作業員手配、設備割当まで具体化する。

生産計画の月次計画など（中日程計画）を基盤にして、工数・日程などの調整をしながら、職場単位で、きめ細かな小日程計画（週間計画あるいは当日計画）をつくり上げる（図1）。

3. 工数と人件費の関係

人件費は、製造原価の中で大きな比率を占める原価項目の1つである。ある仕事にかかる工数は、その仕事にかかる人件費の大きさとなる。したがって、必要な工数以上に人を配置すると、作業者に空き時間が生じてその製品の製造原価が膨らみ、利益が小さくなってしまう。

表1　仕事量と保有工数の不均衡で起こる問題

仕事量と保有工数	問題
仕事量　＞　保有工数	納期に間に合わない可能性
仕事量　＝　保有工数	割込業務への対応余力が少ない
仕事量　＜　保有工数	作業者の待機時間が長くなる

工数計画作成の着眼点

1. 仕事量と保有工数の調整

ある製品を定められた数量つくるために必要な工数と保有工数のバランスを確認する。バランスがとれているかどうかは、仕事量をその製品をつくるために要する標準的な工数で割って見積工数を算定し、その値と保有工数を比較する。双方の値を工程ごとに確認して、工程全体を通して問題が出ないように調整する。仕事量と保有工数に均衡がとれていないと表1のような問題が生じる。

2. 平準化・ピーク時の山崩し

週間計画で日程別の負荷の調整を行う。日程的に見て、納期に間に合うか、作業者の手待ち時間が出ないかを検討し、調整する。調整の方法としては、①ピーク時の仕事量を前後に倒して（山崩し）生産量の平準化を図る、②人員の適正配置を行う、③超過勤務を計画することが考えられる。協力会社への外注も選択肢にはなるが、中日程計画の段階で吟味・計画しておくことが望ましい。なお、生産に着手した後は、進捗統制で余力管理を行うが、生産に入ってからムリが生じないように、あらかじめ計画段階で日々の生産を平準化し、急な変動への対応余力を整えておく必要がある。

保有工数の効率的な活用

保有工数は余裕時間（所定の休憩、材料などの運搬時間、朝礼などの会議、機械の修理・点検時間など）を含めた計算が必要だ（図2）。余裕時間、不随・付帯作業は価値を生まないので、保有工数を効率的に活用するには保有工数内の正味時間、特に主作業の時間を増やす努力が必要となる。

図1 工数計画の進め方

- 生産計画で定めた納期を守り、製造原価が最小になるよう、生産の実行計画である小日程計画（週間・当日計画）を決める
- 全体を最適化し、また、製品生産の各品目で利益が出るように、工数を計画する
- 生産計画の中日程計画（月次計画など）を基盤にして、工数・日程などの調整をしながら、職場単位のきめ細かな小日程計画にまとめ上げる

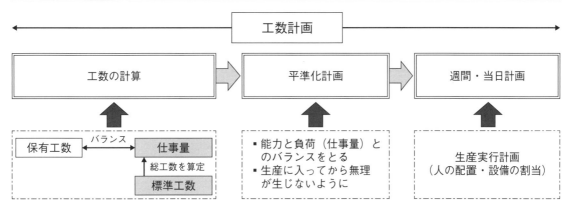

【工数計画の着眼点（検討事項）】

①仕事量と保有工数の調整　②日程別の負荷の調整　③人員の適正配置

④機械の負荷時間にも配慮　⑤余裕の確認（トラブル・変更対応の余力を考慮）

図2 作業時間分析と保有工数の効率的改善

- 保有工数とは、非作業時間を除いた総作業時間のことであり、正味作業と余裕時間からなる。正味作業時間は、主作業と付随・付帯作業時間からなる
- 価値を生む仕事は主作業のみ
- 余裕時間を減らすことで正味作業時間が大きくなる。さらに付随・付帯作業時間を減らすことで保有工数の効率が高まる
- 改善のポイントは、ネック工程（工程間の流れを悪くしている工程）の洗い出し。段取りが問題の場合が多い

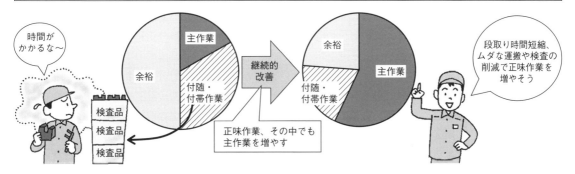

総作業時間（稼働分析での分類）			
正味作業			余裕時間
主作業	付随作業	付帯作業	
加工・組立など（価値を生む仕事）	ロット中の繰り返し作業 ・材料の着脱 ・切粉掃除 ・加工中の測定	ロットごとの作業 ・材料や治具類の準備 ・型替え、段取り ・刃具類のチェック ・後始末	作業余裕（材料の運搬など） 職場余裕（朝礼、清掃など） 用足余裕（トイレ休憩など） 疲労余裕（体力回復休憩など）

コストが最小になるつくり方を決める❸
柔軟な人材配置と多能工化

◆柔軟な人材配置によって生産を効率化し、納期遅れを防止
◆柔軟な人材配置を可能にするのは、作業の標準化と多能工化

柔軟な人材配置による効果

1. 柔軟な人材配置とは

⑴柔軟な人材配置の必要性

多くの製造業が、人と設備の最大効率化、納期遵守、日々の仕事量の平準化を目指しつつ、多種多様な製品を同時並行で生産している。そうした日々の中、生産品目や量の変動に応じて職場や担当業務の間に繁閑のバラツキが生じる。

製品品目・仕事量の変動に応じて、人に余裕のある部署から忙しい部署に柔軟に応援・移動させることができれば、繁閑のバラツキを抑えられる。生産効率が上がり、全体の生産性も高まる。

⑵柔軟な人材配置の例

図1のグラフは、ある工場が、午前と午後の仕事量の変動に合わせて職場Aと職場Bの作業者の配置を変更していることを示している。

この工場では、仕事量に応じて他部署への応援や移動をすることが実務で定着している。工場長のリーダーシップの発揮と、作業者がこの運用に協力的であることが定着の理由である。作業者から積極的な協力を得るため、この工場では週間生産計画であらかじめ作業者の1週間の日々の配置を示すことで、作業者個々人が仕事を見通せるようにしている。

2. 柔軟な人材配置の効果と条件

⑴柔軟な人材配置の効果

作業者を遊ばせないために生産計画以上の量をつくると「つくりすぎのムダ」「在庫のムダ」「運搬のムダ」「管理のムダ」を生むことになる。一方、人を遊ばせておくと「手待ちのムダ」となる。柔軟な人材配置によって、こうしたさまざまなムダ、

納期遅れの防止ができる。

また、製造原価の中では人件費が大きな比率を占めているので、過不足のない人材配置によって人件費を効果的に使うことができる。半日、あるいは時間単位の配置運用をする企業もある。

⑵柔軟な人材配置を実現する必要条件

仕事量に応じて配置した作業者が、戸惑うことなく作業に適応して、所定の時間で所定の作業を行えるよう作業環境を整えなければならない。

具体的には、作業方法や手順を標準化し、必要に応じて画像や映像も利用した作業標準を作成し、その作業標準を実際に使ってみることが望ましい。また、指示命令系統を明確にして、作業指示が伝わるようにすることも大切である。

多能工化の重要性と進め方

多能工化が進んだ会社では、柔軟な人材配置をしやすくなる。複数の工程の作業内容、機械の操作・点検方法、品質基準をマスターしている人材が多いほど、人材配置の柔軟性が高まる。また、月次・週次・当日生産計画も立てやすくなる。

図2に、多能工化の取組みの内容とその効果を記す。多能工化推進の効果は、広い視野を備えた人材、全体視点からの改善ができる人材育成効果の他、生産現場の生産性の向上に貢献し、また、ベテラン社員の技能伝承対策にもなる。

ところで今日、工場では外国人労働者や派遣労働者、高齢の嘱託労働者など雇用形態が多様化している。その中には、特定の専門性の発揮を期待する人材もいる。そこで多能工化の対象者、対象業務の範囲については、長期的な人材育成の視点を踏まえて検討することになる。

図1 柔軟な人材配置の例

週次・当日生産計画で、変動する仕事量に応じて作業者を柔軟に移動させる。
【効　　果】・つくりすぎや納期遅延の防止　　・暇や手待ちのムダの防止
【必要条件】・作業標準（作業方法や手順など）　・作業者の対応能力
　　　　　　・上司の明確な作業指示　　　　　・週次、当日生産計画

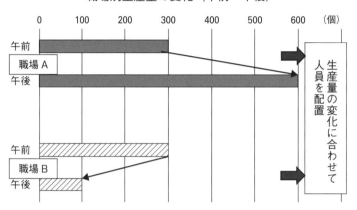

職場別生産量の変化（午前・午後）

	人数の増減		
	午前	午後	増減
職場A	2人	4人	2人
職場B	3人	1人	−2人
合計	5人	5人	0人

図2 多能工化の取組みの内容とその効果

・多能工化の推進は、多様な生産品目に対応する能力向上により、柔軟な人材配置を可能にする
・さらに、現場作業者の多様な現場能力の向上だけでなく、生産現場の生産性向上、新製品への対応力の向上、ベテラン社員の技能の継承に広がる。現場リーダーに期待される力量も育つ
・多能工化を進めるには、事業方針に基づく長期的な多能工化の方針と、個々人の高い意欲が必要

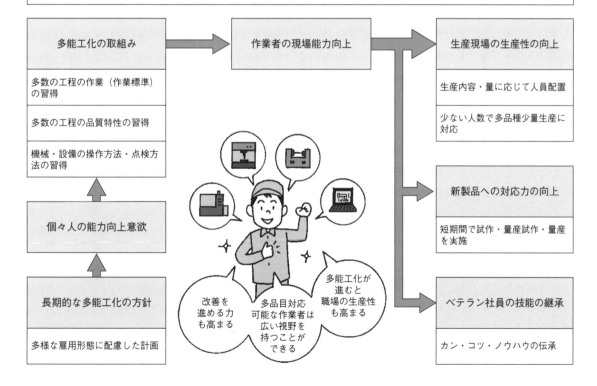

3-3 コストが最小になるつくり方を決める❹ モチベーションの向上策

POINT
◆個々人の意欲の高さが工程計画の達成に大きな影響を及ぼす
◆職場ではリーダーや先輩社員の「かかわり行動」が期待される

工程計画における人材への期待

1. 工程計画における人材の重要性

工程計画は、短期的には、小日程計画において設備・人などの資源の割当てを行い、生産の実行計画を立てることである。工程計画は生産現場の「人」が実行するものであることから、人材の行動・能力が計画の達成状況に大きな影響を及ぼす。

人の行動にはモチベーション（意欲・やる気）の高さが密接に関連する。意欲が低ければ、行動の質・量だけでなく、問題に直面した時にその問題を乗り越えようとする努力も低調なものになる。また意欲の高さは、個々人の能力向上の取組みにも大きく影響する。したがって、より効率的・効果的な工程計画を立て、また、その計画を達成するには、職場の全員が意欲を高く維持することが課題となる。

2. 工程計画における、人材への期待

個々人の意欲の方向性は、会社・職場の方針と一致させることが望ましい。チームとしての力を高めるためには、オーケストラのように個々人が役割を持ち、その個性を発揮しながらも全体として連携しまとまることが必要だからである。

個々人の意欲を高める方向性として、**図1**に、工程計画における人材への期待をまとめる。

(1)効果的な生産工程の設計・改善への参加

生産工程を設計して生産を開始した後は、生産リードタイムの短縮、コスト低減のための継続的な改善が課題となる。工程分析などの改善手法の活用には現場の情報が必要になる。そこで、工程改善に必要な情報収集や改善活動への積極的な参加が期待される。

(2)生産計画の遵守と計画変更への対応

生産計画（特に小日程計画）に遅延が発生すると、調整作業などさまざまな対策が必要となり、時には混乱が生じて納期遅延に発展することがある。問題が発生しても、それを乗り越えて計画を遵守する意欲・責任感が期待される。

(3)現状工数の効率化

生産リードタイムの短縮・コスト低減には、現状工数の効率化が大きな効果をもたらす。職場で目標を立てて、正味作業、その中でも主作業の比率の向上に意欲的に取り組み、知恵を出し合うことが期待される。

(4)個々人の能力の向上

個々人の能力向上の方向性は、いわば仕事の「守備範囲」を広げることと、専門領域を深めることの組合せにある。守備範囲の拡張では、設備操作能力の拡張と多様な製品・工程への対応能力の向上が期待される。

モチベーションを高めるリーダーの行動

リーダーや先輩社員には、メンバーの意欲を正しい方向に引き出し、行動と成果に結びつけることが期待される。工程計画の場合、**図2**に記すように、工程計画における人材の期待について明確に伝達し、対話を通して理解・納得を得ることの他に、個々人の意欲を引き出すこと、また、良い仕事環境を整えることが役割となる。なお、仕事環境はモチベーションを高める要因でもある。

リーダーや先輩のかかわり行動（日常的な対話や指導）も個々人の意欲に大きな影響を及ぼす。かかわり行動は、現場で日常的に接するリーダーや先輩だけが実践できる言動でもある（**表1**）。

図１　工程計画における人材への４つの期待

（１）効果的な生産工程の設計・改善への参加

（２）生産計画の遵守と計画変更への対応

- 生産リードタイムの短縮
- 生産コストの低減

- 納期の遵守
- 全体最適・コスト低減

工程計画における、人材への期待

（３）現状工数の効率化

- 作業時間分析で問題発見
- ムダの削減

（４）個々人の能力の向上

多台持ち・技能の向上	多様な仕事への対応力向上

- 設備の能力の最大活用

- 多様な製品への対応能力
- 多様な工程への対応能力

図２　意欲・行動・成果を引き出すためのリーダー・先輩の役割

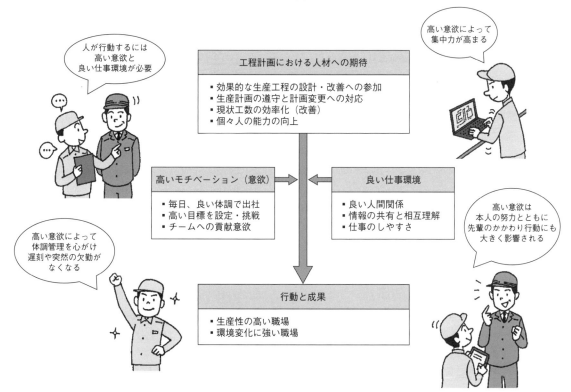

表１　リーダーや先輩社員のかかわり行動の例

かかわり行動の例	内　　　容
部下の行動をよく観察する	本人が頑張っていることに関心を持ち、その努力する様子を見ていく
聴く / 対話	必要に応じて、話をよく聞き、意欲を引き出す
良い行動を褒める	本人が頑張ったと思うことを認め、言葉に表す
助言する	本人への期待や助言を、良いタイミングを捉えて、具体的に伝える

計画通りに進んでいるか管理する❶
生産計画の進捗管理の必要性と方法

◆進捗管理は生産現場でのPDCAサイクル実践の基本
◆生産方式により適切な進捗管理方法を選択することが必要

生産計画の進捗管理の必要性と方法

1. 進捗(進度)管理とその必要性

私たちは生産の進み具合を確認することで、生産現場の状況を把握できる。それにより、事前に予定した生産計画との比較が可能になり、生産速度を調整し、納期に間に合うように対策をとることができる。このように、進捗管理は生産現場で生産計画を実践するPDCAサイクルを回す上で中核となる活動といえる。

2. 進捗管理を行う3つのケース

(1)主に受注生産・個別生産の場合

個別生産(受注生産による一品モノ、建築や造船など)の場合では、「生産が"どの程度"まで進んでいるか」を確認し管理する。その際に重要となるのは、生産計画における「日数(時間)」と、工程や手順、加工度合で段階分けした「進捗基準」である。生産計画の該当日付で示す進捗基準に照らして「どの段階まで仕事が進んでいればよいか」を確認する、という視点である(図1)。

(2)主に見込生産・連続生産の場合

連続生産(大量生産品、見込生産の場合など)においては、「生産が"何個"終了したか」を確認し管理する。その際に重要となるのは、生産計画における「日数(時間)」と、「完成品数量(現品数)」である。生産計画に照らして「生産ライン全体で、何個完了しているか」という視点である。生産ラインにある仕掛品は考慮しない(図2)。

(3)ロット生産の場合

多品種少量生産で必要数だけ製造する場合がロット生産である。納期を満たす範囲で最少のコストになるように、経済的なロット量と生産サイク

ルを設定する。実際の管理は、個別生産と連続生産の双方の管理方式を併用することになる。

進捗管理のための実績把握の方法

生産現場の状況を把握するには次の2つがある。

1. 主に受注生産・個別生産の場合

個別生産や受注生産においては、生産(受注)単位ごとに納期が設定される。そのため、同じ製品であっても生産(受注)単位ごとに進捗管理を行わなければならない。

2. 主に見込生産・連続生産の場合

連続生産・見込生産では、一定期間で目標の生産量を完了させる。そのため、進捗管理は品番別・生産ライン別に計画製造数累計と完成品数累計を比較し、その差分を管理する。つまり工程全体を管理し実施する。

進捗管理の留意点

1. 主に受注生産・個別生産の場合

受注生産・個別生産では、日ごとの人員配置や作業者の能力といった要因に大きく依存するので、日次の生産数変動幅が大きく、生産計画との乖離が生まれやすい。そのため、工程の見直しや生産能力の補充を早期に行う必要がある。

2. 主に見込生産・連続生産の場合

連続生産・見込生産の場合、生産計画は生産ラインの最大生産能力を基に決定される。そのため、不良設備の不調が原因で実績生産数が計画数以下になると、生産遅れの挽回は大変難しい。日常的な設備管理や作業者の育成を通じてリスクを回避し、作業時間延長や増員によりネック工程を改善することが必要である。

図１ 主に受注生産・個別生産の場合の進捗管理

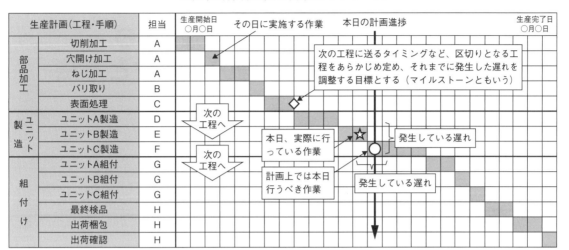

工程（進行）管理表の例（ガントチャート）

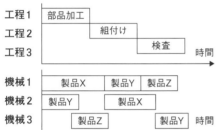

工程管理表（ガントチャート）

工程管理表（ガントチャート）にはさまざまな表示形式があり、大変使いやすい管理表である。横軸は時間の経過を表すが、縦軸に何を設定するかにより多くの目的に使用できる。たとえば、工程をとれば進捗管理となり、機械などの生産設備をとれば稼働状況の管理ができる

このような工程管理表を作成するメリットは、次の通りである

①工程の可視化：全体の工程・日程・手順・進捗状況がひと目でわかる

②情報の共有：同じ表を見ることで情報共有や計画変更の伝達が容易

図２ 主に見込生産・連続生産の場合の進捗管理

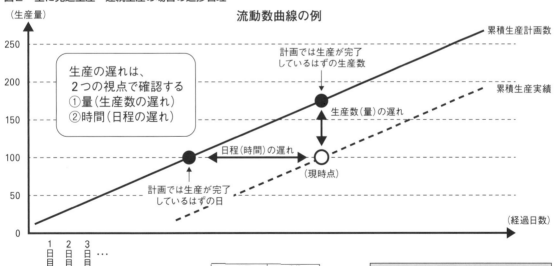

流動数曲線の例

電子管理板の例

時間	製品名	計画		実績		差分
		生産数	累計	生産数	累計	
9:00-10:00	部品A	1,800	1,800	1,630	1,630	-170
10:00-11:00	〃	2,000	3,800	1,736	3,366	-434
11:00-12:00	部品B	500	500	400	400	-100
12:00-13:00	〃	700	1,200	680	1,080	-120
13:00-14:00	〃	700	1,900	700	1,780	-120
14:00-15:00	〃	700	2,600	700	2,480	-120
15:00-16:00	部品C	1,000	1,000	1,000	1,000	0
16:00-17:00	〃	1,200	2,200	1,200	2,200	0
…						

ホワイトボードに書かれた管理板の例

生産管理板の例

連続生産の場合、直線的な流動数曲線で生産計画を立て、進捗を管理する。しかし、製造現場で表を読みこなすことは困難であるため、現場では、わかりやすさを優先し、その日その日で目標となる「予定」量と、その日に完成した「実績」および目標との「差」をわかりやすく表示して日常の管理を行う

計画通りに進んでいるか管理する❷
人や設備の余力管理の必要性と方法

POINT
◆余力管理により人や機械の能力を最大限活用できる
◆適切な余力管理により週間バランスをとり納期を遵守する

人や設備の余力管理の必要性

1. 余力管理の必要性

余力管理とは、生産能力を決定する要素である人や設備について、現有能力（事前に見積もった最大の生産能力）と、実際に割り当てられている仕事量（負荷状況）を把握し、管理することである。割り当てられた仕事量が生産能力以下で、人や設備の能力を完全に活用できていない（余力がある）場合、その余力を活用することにより生産性を向上させる余地がある。ただし、あえて余力を設けて、急な生産増加に対応する場合もある。

2. 余力管理の基本的な考え方

余力管理は主に仕事量（負荷）を調整することで実施する。負荷があらかじめ定めた工程の生産能力を上回っている場合は、納期に間に合うように計画生産量を実現できない。そのため、前もって生産を開始してつくり置いたり、協力会社の活用を検討したりするなどの工夫で対応する。逆に、負荷が工程の生産能力を下回っている場合は、翌週の生産予定品を一部前倒しで生産するなどして、なるべく生産量が工程の生産能力の上限で平準化するように調整する（**図1**）。

このような調整（余力管理）を行うことで、人や機械の能力を最大限活用することができる。

余力管理の具体的実施方法

余力管理は次の手順で行う（**図2**）。

1. 工数計画を決める

工数計画は、生産計画によって決まる製品別の納期・生産量に対して、その実現のために必要な人や設備の生産能力を具体的に決定することであ

る。そのためには、あらかじめ人や設備の「単位時間当たりの生産能力」を把握することが必要である。日程計画から導かれる「何を、いつ、どれだけ生産しなければならないか」という要求に対し、保有する生産能力と実際に生産に当てることができる時間（総労働時間×稼働率）を考慮して見積もり、調整を図る。

2. 余力を把握する

余力とは、保有する能力と仕事量の差（バランス）である。実際に生産が始まると、さまざまな要因から計画した生産能力を発揮することができず、仕事量がオーバーしている場合がある。また、生産能力の見積りや、割り当てる仕事量を誤ったために手余りになることもある。工程が現在どのような状態か、またその程度はどうかを知ることで余力を把握する。

3. 負荷調整を行う（図3）

余力の程度により、自工程の仕事量を調整する。余力がない（負荷が過剰である）場合、他の人・設備・工程に仕事を割り当て直したり、協力会社の活用を検討する。ただし、生産完了時期を遅らせる場合は、顧客との約束納期に注意する必要がある。余力がある場合は、他工程の仕事を引き受けたり、可能な範囲で前倒し生産を行ったりする。

余力管理の意義

余力管理を適切に行うことにより、自工程で発生する「ムリ（余力なし・負荷過剰）」「ムダ（余力あり・負荷過少）」「ムラ（負荷状況のバラツキ）」などを解消し、生産性を最大限に高めることができる。結果として、顧客との約束納期を遵守し、自社の売上げと利益を最大限にすることができる。

図1 余力管理の基本的な考え方

余力管理の例：1週間単位で見直しを行う場合

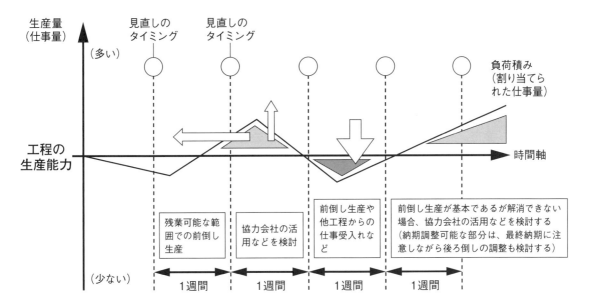

図2 余力管理の活用方法

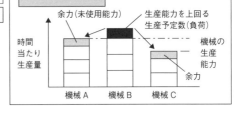

| | 工数計画 | | 余力管理 | |

工数計画

日程計画 何を、いつまでに、どれだけ、生産するか

・大日程計画…月単位・おおまか
・中日程計画…週単位・基本計画
・小日程計画…時間単位・詳細計画

生産能力 事前に見積もった自工程の保有能力

合理的に到達可能な生産量。作業者の実労働時間や機械の稼働時間を基準として算出することが多い

生産能力＝総労働時間（稼働時間）×稼働率×作業者数（台数）

バランスが大切

差異（余力）

計画上の差異（生産余力の確保）

トラブルによる差異

・飛び込み受注
・納期変更
・機械故障
・予定外の欠勤
など

余力管理

負荷計算 計画立案時に確認

負荷＝生産予定数量 ÷ 標準工数

標準工数…生産1単位当たりに使用する資源（時間・労働力・機械など）

負荷調整

図3 負荷調整の具体的方法

		余力なし（負荷過剰）	余力が大きい（負荷過少）
計画の見直し		・過剰な負荷を他の人・設備・工程に割り当て、再調整する ・適度な負荷で生産が行えるように生産日程を見直す（最終的な納期を遵守できるか最大限注意する）	・他工程と生産予定を入れ替えるなど、過剰分を再度割り当て直す ・外注品を内作に切り替えるなど、生産体制を見直す ・受注活動を促すなど、仕事量を増やす
能力の調整		・残業や休日出勤による挽回 ・他職場（工程）からの応援 ・臨時工や協力会社などの活用 ・設備改善・設備投資による能力拡充 ・教育や人事評価を通じた人の能力向上	・人員削減・配置転換、設備の見直しなどにより生産能力を調整する ・シフトの見直しなどで生産能力の調整を行う ・改善活動など将来のための活動を実施する

計画通りに進んでいるか管理する❸
原材料・仕掛品・製品など現品管理の必要性と方法

◆現品管理は進捗管理のための最も基本的な活動
◆モノを「区分」し「管理ルール」を決めて遵守する

在庫の現品管理の必要性と方法

1. 現品管理の必要性

現品管理とは、生産現場にある原材料、部品、資材、仕掛品、製品などについて、実際に「どこ」に「何個（どれだけの量）」あるのかを管理することである。生産の進捗状況を確認するために最も重要な管理といえる。正確な現品の確認に基づく進捗管理ができてこそ、顧客との約束納期を守ることが可能となる。不適切な管理は、自社の生産管理においても多くの不都合をもたらす（図1）。

2. モノと情報の「情物一致」

現品管理においては、数値上の生産管理データ（帳簿上の在庫数）と実際に存在する現物数が一致していないといけない。万が一違いがあると、現状を把握することができないため、生産計画そのものが成り立ちにくい。現品管理においてはこのような「モノ」と「情報」の「情物一致」が重要である。「情物一致」が実現できていない職場は、現場での「モノ（現品）」の管理ができていないか、モノの情報（データ上の品番・数量）が正しく更新されていないことが考えられる。「モノ」の管理方法をわかりやすく工夫して実行しやすくしたり、タイムリーに「正しい情報」を更新するためのルールを定めて実行することが必要である。

3. 現品管理は意外と難しい

生産現場の実際は、原材料・仕掛品・製品だけでなく、設備・工具・消耗品などが生産ライン上にあり、混沌としがちである。整理・整頓が十分に実施されていないと、現品確認をすることすら難しい。現品管理は管理に加えて「管理できる状態を維持する」ことも重要であるといえる（図2）。

現品管理の実施手順

現品管理を行うに当たっては、おおむね次のような手順で実施する。

1. 管理する「モノ」を区分する

まずは管理するべき「モノ」を区分する。

①原材料、仕掛品、製品、生産に必要な工具や消耗品など、生産工程での役割を基準とする
②固形物、液体、危険物など「モノ」の物理的な性質を基準とする
③「モノ」の量、使用頻度、使用のタイミングなどを基準とする
④消防法・各種取締法・労働安全衛生法など法的なルールを基準とする

2. 必要な管理手順・管理項目をルール化

（1）管理ルールを決める

管理区分ごとに保管方法・持ち出し権限・出し入れ手順・数量確認方法などの具体的ルールを定めて、関係者に周知する。

（2）管理ルールの実施を徹底する

ルールの実施方法を定め、それらが守られているかを継続的に確認する。不備があった場合は関係者の教育・指導を行う。

（3）現品確認方法を改善する

現品管理に必要な活動例

現品管理を具体的に実施するうえでは、「ITの活用」や「目で見てわかる管理」を取り入れ、管理の手間を極力省くことが効果的である。

①現品票などの目で見てわかる工夫
②管理台帳などの作成、管理システムの導入
③棚卸しによる確認作業（図3）

図1 現品管理の不備によって発生する問題

現品管理の不備

- 現品が行方不明
- 現品数が足りない
- 現品が間違い
- あるべき場所に現品がない
- 担当者に「何が」「どこに」「どれだけ」あるかが伝わっていない

発生するロス・損失

- 現品を探したり、再調達の手間が発生。また、そのことにより生産性が低下する
- 必要なモノがなくて生産ができなかったり、納期が遅れる
- 在庫数がわからず、正確な発注ができない
- 正しい在庫数がわからず、会社の財産状況がわからない
- 納期遅れなどで顧客からの信頼が低下する

図2 現品管理を行うための前提条件

具体的活動

整理

必要なモノと不要なモノを識別し、不要なモノを捨てる

整頓

置き場所・保管場所を定め、いつでも使えるように管理する

3定活動も同様の取組み
　定品…決められたモノ
　定位…決められた場所
　定量…決められた量だけ

整った職場

ラインテープによるゾーニング

- 人とモノの動線を分離
- モノの種類により、置き場所を指定
- 危険度に応じた区域分け

ロケーション管理の例

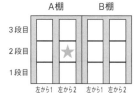

保管場所
「A0202」A棚2段目2列目

指定席を定めることで、保管場所・保管量を明確にする

図3 棚卸しによる確認作業は、現品管理の考え方で行う

在庫を保有する企業は、定期的（多くは1会計年度で1～2回）に棚卸しを行う必要がある

【棚卸しを行う理由】
①現物在庫と帳簿数を一致させ、適切な（正しい）在庫管理を行う
②現状の財産（在庫）状況を確定させ、会社の正確な利益を確定させる

①現物を確認する
現場の保管場所を直接確認し、現品数を確認する。本来在庫対象でないモノでも、現場にあればそのまま記録する

②帳簿数と照合する
在庫管理システムに記録されている帳簿上の在庫数と、調査した実棚数を照合する。実棚数を優先し、実際にある品目・数量から正しい棚卸表をつくる

③情物を一致させる
実棚数と帳簿数に差異がある場合、十分な原因追究を行ったうえで「帳簿数」を訂正する。これにより、在庫「情報」と実棚数（「現物」）を一致させる

計画通りに進んでいるか管理する❹
不良・事故の事後的管理の必要性と方法

◆事後的管理の第１目標は不良・事故の再発防止
◆再発防止にとどまらず、工程・設備の改善まで視野に入れる

不良・事故などの事後的管理の必要性と方法

生産活動を行った後には、その結果を手がかりに事後的な対応が必要な場合がある。特に不良や事故については、それに至る原因や工程を分析して再発防止につなげることが必要である。事後的な管理の対象は次のようなものがある。

1. 事故に対する再発防止

生産現場でひとたび事故が発生すると、大切な社員が一定期間休んだり、場合によっては死亡するなど、企業の生産活動にとって重大な影響が発生する。また、生産停止や対応のための出費および売上減少などの「金銭的損害」も発生する。さらに、企業の評判に長期的な悪影響があったり、規制法の改正や被害を受けた周辺地域の再建が必要になるなどの「社会的損害」といった損害も発生する。そのため、万が一事故が発生した場合、徹底した原因追究による再発防止が必要である。

2. 不良発生を手がかりにした工程改善

製品不良が発生した場合、必要な生産量を確保できなかったり、手直しのための手間が発生したりする。ひとたび不良が発生した場合、本来は必要なかった「時間・労力・金銭」的ムダが企業に損害を与えることになる。不良の発生原因を追究した結果、作業者のミスや仕事のやり方に起因する場合は作業標準や作業手順を見直し、作業者への周知や再教育を行うことにより再発を防止することが求められる。

3. 不良発生を手がかりにした設備改良・保全

不良の原因追究をした結果、設備に起因するものであれば、設備がいつも万全の状態で稼働するように管理を強化しなければならない。再発につ

ながる不具合については、すぐに設備を改良する必要がある。また設備保全のルール・やり方を見直し、不具合が起こらないような事前管理（予防保全）を実施する必要がある。

事後的管理の具体的方法

事後的管理の具体的な進め方には、次のような方法がある。

1. 事故に対する再発防止

事故が発生する時には、３つの要因が同時に重なって存在している。その要因とは、「不安全状態」「不安全行動」であり、そのような不安全な状態を招いているのは、「管理ルールの不備」によるところが大きい。この３つの要因について、それぞれを改善するとともに、３つの要素が鎖のように連なり、同時に存在しないように配慮する必要がある（図１）。

2. 工程改善による事後的管理

品質に大きな影響を与えるのは生産要素の４Ｍ（Man：人、Machine：機械、Material：材料、Method：方法・やり方）である。これらが正しく運用されれば狙い通りの品質の製品が生産される。しかし最終的に不良が発生した場合、生産過程のどこかで不具合があったものと推定される。このように、不具合品発生を手がかりに原因を特定し、工程の見直しや改善を行う（図２）。

3. 設備改良・保全による事後的管理

設備を万全の状態を維持することで狙い通りの品質で生産が可能である。しかし、設備は稼働させれば次第に性能が劣化し、故障も発生する。そのため、性能劣化の特性を理解し、計画的な保全活動や設備改良を行う必要がある（図３）。

図1 災害（事故）の再発防止 災害連鎖の輪

災害（事故）は、3つの要素が"同時"に存在することで発生する
（災害連鎖の輪：さまざまな要因が同時に存在し、お互いに影響している状態）

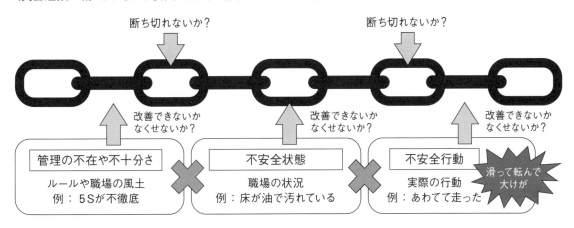

図2 不良発生を起点とした工程の改善

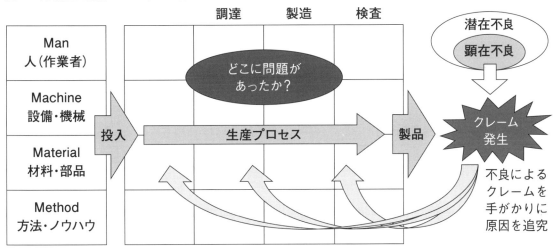

図3 不具合を手がかりにした設備改良・保全

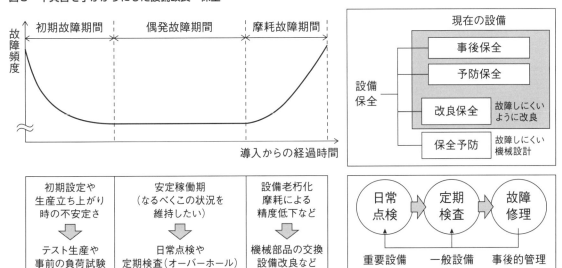

良い品を安く仕入れる❶
資材・購買管理がされていない時の問題点

◆資材・購買管理は、自社製品のQCDに影響を与える
◆購買条件の積極的な改善を行う開発購買が広まっている

資材・購買管理がされていない時の問題点

1. 資材・購買管理の不具合による問題点

購買管理とは、生産活動を行う際に、「外部」から「必要な品質のモノ（資材・購買品）」を「必要な時（タイミング）」に「必要なだけ（量）」「適正な金額」で購入し、生産活動に使用できる状態にすることである。つまり、適切な購買管理がされていない場合、生産が遅れるなど、生産活動そのものが行えない状態となる。

2. 購買管理の内容（購買5原則）

適切な購買活動について、次の5つの要素を満たす必要がある（図1）。

【購買5原則】
①最適な購買先　　②適切な品質の確保
③必要な数量の確保　④適切な納期の確保
⑤適正な価格の確保

3. 購買管理を行う手順

適切な購買管理（購買活動）は次の手順で行う。
①購買方針・購買計画の決定
②購買先の探索
③購買先の評価
④購買の実行、購買品のQCD管理
⑤購買先との関係性維持
⑥開発購買への取組み

購買管理における問題点の具体例

1. Q（品質）面の問題

購入した原材料・部品が要求基準を満たす品質でない場合、再手配や手直しをしなければならない。また、受入チェックで確認できず、問題のある資材・購買品をそのまま使用すると、自社製品の品質まで落とすことになる。このように購買管理の適切さは、自社製品の品質問題に直結する重大な要因となる（図2）。

2. C（コスト）面の問題

一般に、製品原価に占める原材料・部品などの購買品が占める割合は高い。そのため、購買活動の善し悪しが製品設計で想定された「企画原価」を実現できるかどうかの成否を分けるといえる。購買によるコスト削減は、企画原価を実現するコスト管理活動と、企画原価よりもさらに有利な購買を行うコスト削減活動がある（図3）。

3. D（納期）面の問題

必要なタイミングで原材料・部品を準備するため、生産に先立ち需要予測や調達リードタイムなどを考慮して資材・購買品の発注を行う必要がある。顧客から指定された納期を遵守するために、資材・購買品の調達から生産完了・出荷までの各段階において、購買活動の不備による遅れを生じさせないように管理しなければならない（図4）。

近年の動向としての開発購買

これまで購買管理は、「指定されたモノを調達する」という考え方が主流であった。しかし近年では、半導体不足により自動車の生産が滞るなど、安定的・確実に原材料・部品を確保することが企業の生産活動全体に決定的な影響を与える事例が増えている。そのため、どんな経済・社会状況下でも確実な調達を行うため、常に新たな購買先を探し続け、開発部や設計部、製造部に対して自社に有利な資材・購買品に関する助言を行う役割も、今後の購買担当者には求められる。このような「開発購買」の考え方が近年では広まっている。

図1 購買管理の5原則と6ステップ

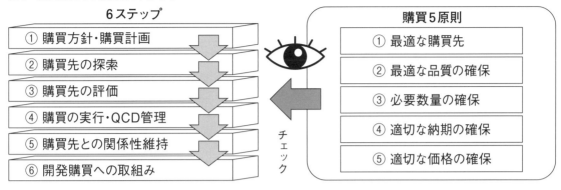

図2 購買品が与えるQ（品質）面の問題

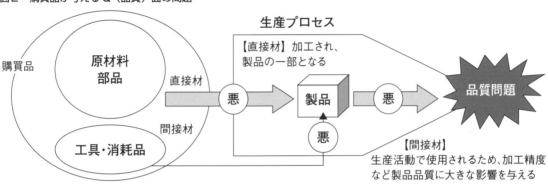

図3 購買品が与えるC（コスト）面の問題

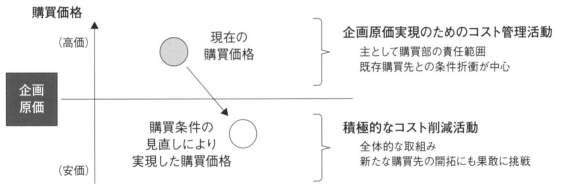

図4 購買品が与えるD（納期）面の問題

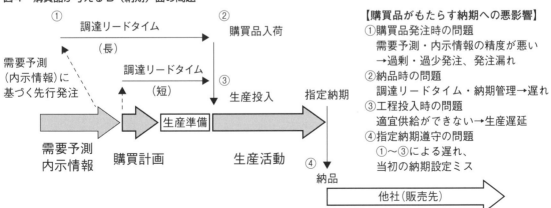

良い品を安く仕入れる❷ 適正価格で必要時に必要量を調達する

POINT
◆購買活動に求める価値は、部署ごとに異なる
◆購買の意思決定は、部門横断的に全社最適の視点で行う

良い品を適正価格で、必要時に必要量を調達

購買管理の具体的な活動は次のようになる（図1）。

1.「良い品」を調達する

購買品は原材料・部品として使用されるもの（直接材）と、製品を生産するために使用され直接製品には組み込まれないもの（間接材）がある。いずれも、自社製品の品質に大きな影響を与えるため、購買に当たっては自社製品の要求水準を満たすかどうかを事前に十分に確認する必要がある。

2.「適正価格」で調達する

購買品は、市場流通しているものと、特定の購買先から購入しなければならないものがある。市場流通しているものは、価格や購入条件が有利な購買先から購入すればよいが、直接材は自社独自の規格品であることが多いため、購入先が限られることが一般的である。特定の購入先から購入する場合、価格は交渉による相対取引となる。類似品の市場価格の変動や相対価格を考慮して、「適正」な価格で購入することが必要である。

3.「必要時」に調達する

生産に必要な資材・購買品は、製造を行う際には購入され使用できる状態になっていなければならない。そのため、発注から納入までの期間（調達リードタイム）を考慮し、適切なタイミングで購買を行う必要がある。購買品には保管・管理の手間やコストもかかるため、購買のタイミングは「早すぎ」ても「遅すぎ」ても問題が発生する。

4.「必要量」を調達する

購買活動は貴重なキャッシュを「モノ」に変える行為であり、購買後も保管・管理で手間やコストがかかる。そのため、「多ければよい」というわけではなく、生産に必要な適切な量を調達しなければならない。「生産に必要な量」とは、その時生産で使用する分だけでなく、調達リードタイムを考慮し、計画期間中に生産を維持できる量となる。

購買の意思決定における課題

購買活動の実行に当たっては、「いつ」「誰が」「どのように」購買の意思決定を行うかが課題となる。なぜなら、製造部や生産管理部の観点では購買品が常に必要量が用意され生産に支障がないことが望ましい。また財務部や物流部の観点では、過剰在庫による財務状況悪化や現場の作業効率低下が心配のタネとなる。つまり、立場によって望ましい購買のあり方が異なるのである（図2）。総合的な判断で全体を最適化するように考えたい。

以上の理由から、購買部もしくは購買の担当者には、社内外の事情を考慮し、「良い品（品質）」「適正価格（コスト）」「必要時（納期）」「必要量」などのポイントをバランス良く検討することで、適切な購買計画を立案・実行するべきである。

効果的な購買活動を行うために

購買活動は、さまざまな部署や活動と深い関係性があり、企業内で独立した活動ではない。そのため、社内の各部署が求めることを的確につかむ一方、購買に関する情報を積極的に関係者に伝達することも必要である（図3）。

この活動をスムーズに進めるために、まずは購買方針を決めて全社に徹底して共通認識を持つことと、情報共有を図る場を持つことである。近年ではITツールの活用が効果的である。

図1 購買管理の具体的活動と留意点

「良い品」を調達する
購買品は、直接材・間接材にかかわらず自社製品の品質に直結する
→購買品評価の基準、定期的＆受入時の品質確認

「必要時」に調達する
生産計画に基づいた製造を行うためには、購買品が使用時に使える状態に整えられる必要がある
→適切な納期管理、調達リードタイムの見直し

「適正価格」で調達する
購買部（購買担当者）は「企画された原価」を実現できる資材・購買品の手配が責務
→価格の条件交渉、新たな購買先の開拓

「必要量」を調達する
購買品は、購入するためにキャッシュが必要で、保管・管理にもコストがかかる
→適切な在庫管理を行い、発注基準を定める

購買活動の留意点
これからの時代の購買部（購買担当者）には"総合的な判断ができる広い視野"が求められる。社内の事情に加え、購買品の市場価格や競合他社の動向といった社外の情報にも興味や関心を持って接することが求められる。また、購買に関わる法務（下請法など）についても十分に理解し、公正な購買活動を行うよう心がけなければならない。

図2 購買の意思決定における課題（価値観の違い）

図3 全体最適を考慮した購買活動

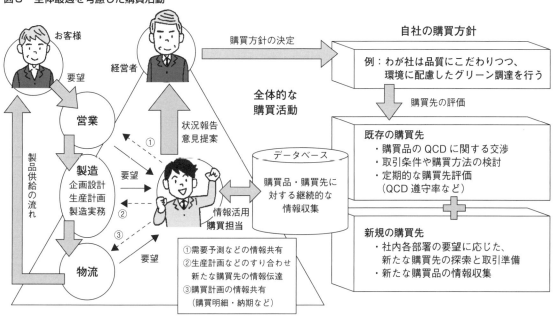

良い品を安く仕入れる❸
適切な発注量設定の仕方

POINT
◆資材・購買品の特性に応じて最適な発注方式と発注量を決定
◆「見える化」やIT活用などの工夫で購買コストを抑制

発注方式と発注量の設定

適切なタイミングや量で購買を行うためには、購買後に社内で管理する購買品(在庫)の特性を考える必要がある。たとえば、次の種類がある。

1. 常備品・引当品

生産で必ず使用するため所要量を管理する必要がある品目(常備品)、必要となった時に購買する品目(引当品)。

2. 活動在庫・安全在庫

日常的・活発に使用され欠品が許されない品目(活動在庫)、欠品を発生させないために納期調整目的で保有される在庫(安全在庫)。

3. 死蔵在庫・眠り在庫

過去から長期間使用されず他に転用もできない不良在庫(死蔵在庫)、今後の使用見込みはあるが遠い将来であり、かつ少量なので、長期保管が必要な品目(眠り在庫)。いずれも極小化が望ましい。

このような在庫の特性と生産における重要度を考慮して、発注方式や発注量を決定する。代表的な手法として、重要度をABC分析により分類し、最適な購買活動を行う。Aランク品では定期発注方式、Bランク品では定量発注方式、Cランク品では規定量になれば補充発注をすることを原則とし複棚(ダブルビン)方式が採用される。

定期発注方式

主要製品で使用される品目や高額な品目、需要変動の大きな品目などで使用される。一定期間(毎月、毎週など)で、生産計画に基づいて原材料などの所要必要量を算出し、在庫量や発注残量を考慮して発注量を確定・発注する方式である(**図1**)。

発注量をきめ細かく変更できる本方式のメリットは、①精度の高い管理が可能、②需要変動に対応可能、③製品の陳腐化リスクを回避できる、ことである。デメリットは、①複雑な需要予測を行う必要がある、②発注間隔や調達リードタイムにより安全在庫が多めとなり在庫量自体が増加傾向となる、ことである。

定量発注方式

安価で最終製品に占める役割が小さい部品などの購入で用いられる方式である(**図2**)。出庫に伴い、在庫が一定数量(発注点)になった時に購買活動が行われる。発注量の計算が不要であるため、購買活動に伴うコスト(発注に関わる手間や時間など)を抑制するために導入されるケースも多い。さらに、管理を合理化した簡易方式である複棚(ダブルビン)方式がある。これは、2つの容器(ビン・棚・箱など)を使用し、一方のビンが空になり他方のビンの在庫を使用し始めた際に、1つのビン分の在庫を発注する方式である。

その他の発注方式

部品などの発注手配では、ITを活用したMRPも用いられる。MRPは、あらかじめ部品表(BOM:製品を構成する材料・部品のリスト)を整備し、生産計画に基づいて所要部品量を算出する。その後、調達リードタイムを考慮して部品の発注を行う。また、仕掛品ではかんばん方式も用いられる。これは、「かんばん」と呼ばれる作業指示書を利用して、工程で使用した仕掛品を前工程に提示することで、使用分を自工程へ補充したり、前工程へ使用分の生産を促す方式である。

図1　定期発注方式の考え方

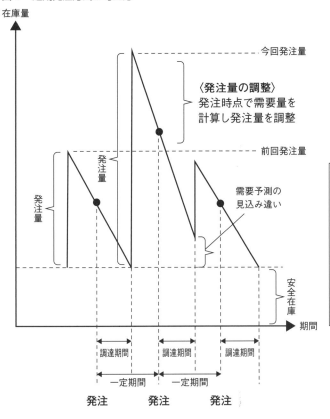

〈発注量の求め方〉
発注量＝需要量－現在個数－発注残

・需要予測　　　　　発注済み未納品分
・生産計画に基づく資材　（期間内納品予定）
　所要量
・調達リードタイムを
　考慮した予測量
・現在庫数・発注残を考慮
　して発注数を調整する

図2　定量発注方式の考え方

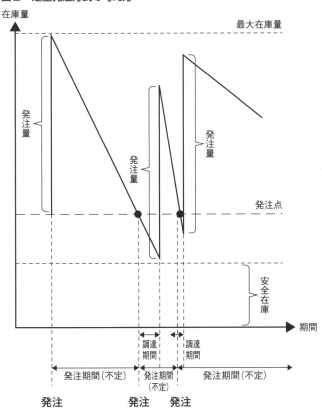

〈発注量の求め方〉
発注量＝規定の発注量

規定の発注量の求め方（唯一の方法はない）
・過去の発注量から平均使用量を算出
・経済的発注量
　（発注コスト・保管コストに基づく）
・購買条件
　（購買ロット・調達リードタイム）

良い品を安く仕入れる❹
適切な在庫管理の方法

◆在庫は「財庫」。単なるモノではなく会社の財産
◆在庫量は継続的に検証し、適正な水準に維持する

適切な在庫管理の方法

1. 在庫の種類

在庫には主として次のようなものがある。

(1)原材料・部品：加工したり組み付けられて最終製品を構成するモノ。素材となる場合は原材料と呼ばれ、加工済みでそのまま製品に組み付けられるものを部品という。

(2)仕掛品・半製品：最終製品に向けて加工途上にあるモノ。加工程度が低く工程内にあるモノを仕掛品、工程から除いて保管・販売できるモノを半製品という（ラベル貼り付け前の缶詰など）。

(3)製品(完成品)在庫：生産を完了し、販売用に保管されている最終製品。

2. 在庫管理の意義

原材料・部品の購入にはキャッシュ（仕入）が必要であり、製品在庫を販売することでキャッシュ（売上げや利益）を入手することができる。つまり、在庫はキャッシュそのものであり、「在庫＝会社の財産」であるといえる。多品種少量生産が一般的になる中で、在庫の品目数・在庫量が増加する傾向にあるため、適切な在庫管理は企業経営において重大な問題であるといえる（図1）。

適切な在庫管理ができない場合の問題点

在庫管理が適切でない場合、さまざまな問題が発生する。主な問題は次の通りである。

1. 在庫が多い場合の問題点

①運転資金が「モノ」の形で滞留し、有効活用できない（他の活動に投資できなくなる）

②保管スペースをとり、管理の手間も発生

③在庫の陳腐化・劣化による廃棄ロスの恐れ

2. 在庫が過少である場合の問題点

①製品不足により販売機会を失う

②顧客の指定納期を守れず、信頼度が低下

③原材料・部品不足による生産性低下、納期の長期化や残業によるコストアップ

④緊急調達による現場混乱や対応経費の発生

⑤発注・納期管理・受入業務の回数増加などによる購買業務煩雑化（時間・労力・金銭的コストがかかる）

在庫管理の手順

適切な在庫管理は、次の手順で進めるとよい（図2）。

①整理・整頓を行い、職場を整える

②現状を分析する（在庫状況を可視化）：ABC分析などを活用して状況を把握する

③適正在庫量の決定（他部門と調整を行う）

④適切な発注方法と発注点を決める：社外事情（調達リードタイム、調達ロットなど）と社内事情（生産計画、生産ロットなど）を考慮する

⑤在庫管理・購買活動の実施：製品の売れ行きや原材料などの供給状況の変化を捉え、販売不振による在庫増加や供給不足による過少在庫を防止する

⑥適正在庫の検証・見直し：在庫滞留分析など複数の分析手法を通じて在庫水準を検証する。過不足が目立つ在庫品目は、需要予測の精度向上や購買品の供給状況を考慮して調整を図る

⑦調達リードタイムの短縮：需要変動などに応じて柔軟に発注や調達量の調整を行えるように継続的な改善を実施する

図１　在庫は「財庫」 会社のおカネが形を変えたもの

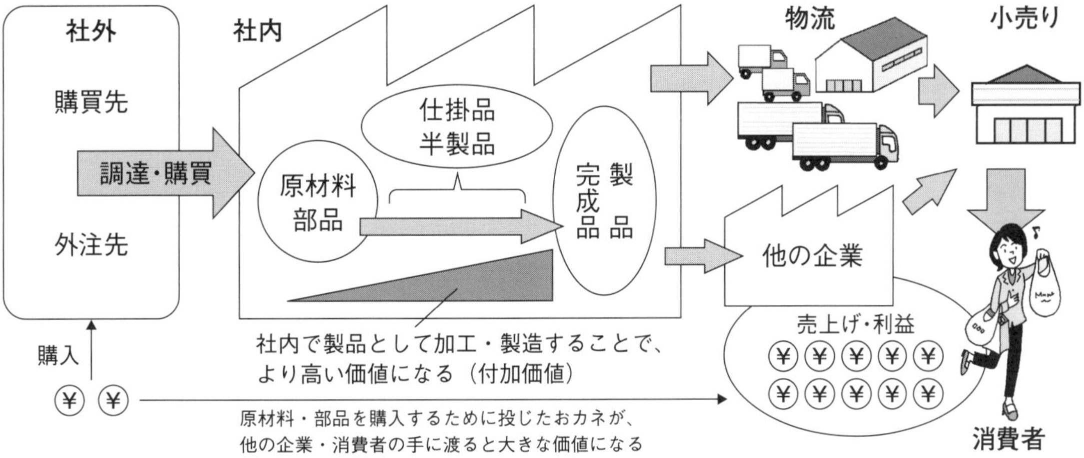

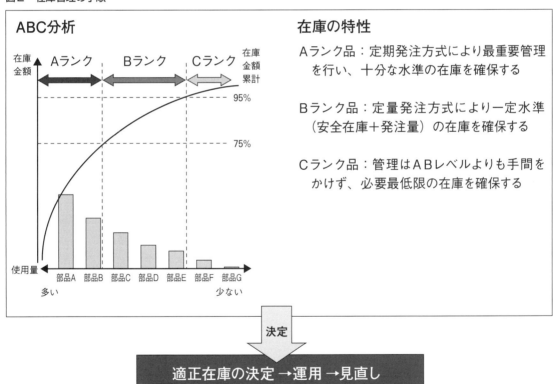

社外
購買先
調達・購買
外注先
購入
社内
仕掛品
半製品
原材料
部品
製品
完成品
社内で製品として加工・製造することで、
より高い価値になる（付加価値）
物流
小売り
他の企業
売上げ・利益
消費者
原材料・部品を購入するために投じたおカネが、
他の企業・消費者の手に渡ると大きな価値になる

図２　在庫管理の手順

ABC分析
在庫金額
Aランク
Bランク
Cランク
在庫金額累計
95%
75%
使用量
部品A
部品B
部品C
部品D
部品E
部品F
部品G
多い
少ない
在庫の特性
Aランク品：定期発注方式により最重要管理を行い、十分な水準の在庫を確保する
Bランク品：定量発注方式により一定水準（安全在庫＋発注量）の在庫を確保する
Cランク品：管理はABレベルよりも手間をかけず、必要最低限の在庫を確保する
決定
適正在庫の決定 →運用 →見直し

良い品質の製品をバラツキなくつくる❶
品質管理の変遷

◆日本の品質管理は戦後になって米国から導入された
◆導入した品質管理を日本的品質管理として進化させた

品質に要求されることとは

品質に要求される要素は時代とともに少しずつ拡大され、品質管理の変遷に大きく影響している。

1. 品質とは

品質とは、企業が提供する製品やサービスが、「使用目的を満たしている程度」とされる。「使用目的を満たしている程度」とは、顧客(お客様)満足度と言い換えができる。したがって、品質とは「お客様に満足していただいた程度」といえる。

2. 品質に要求される要素

それでは、顧客はどんな品質に満足するのだろうか。たとえば、洗濯機を例に考えてみる。ある顧客は、洗濯物を入れたら脱水・乾燥まで全自動で完了するという性能の高さを重視するかもしれない。また、別の顧客は、高性能よりも操作が簡単な操作性とか、壊れないという耐久性を重視するかもしれない。すなわち、良い品質とは、それぞれの顧客の要求を満たすことで、高い満足度を得ることができるかどうかで決まる(図1)。

3. 狙いの品質と出来栄えの品質

企業は、顧客の要求事項に基づき、製品の設計品質を図面などに設定する。これを「狙いの品質」という。一方、実際に製造した製品の品質を「出来栄えの品質」という(図2)。

品質管理とは

品質管理とは、製品の出来栄えの品質が、設計の狙いの品質を満たすように管理することである。このような品質管理の考え方は、戦後米国から日本に導入され、日本企業に定着する過程において、さらに進化してきた。

品質管理の変遷

1. 品質管理の導入時期

戦前戦後の日本製品には、メイド・イン・ジャパンは安かろう、悪かろうという粗悪品のレッテルが貼られていた。製品の価格は安いが、品質も悪く、品質向上が大きな課題であった。当時の日本では、不安定な品質の製品を不十分な製品検査により出荷していた。そこで、1950年に米国から招いたデミング博士によって、品質管理の考え方やQC7つ道具、抜取検査などの統計的手法が紹介され、日本企業は製造現場の改善に取り組んだ。また、小集団活動であるQCサークルも多くの企業で導入された(図3)。

その結果として、品質、原価、納期、生産性などが改善され、日本の競争力は飛躍的に向上した。

2. 日本的品質管理の発展

その後1980年代になると、日本企業の多くは、品質を総合的に捉え、製造部門だけでなく組織全体で品質を良くする全社的な活動が展開された。これをTQC(全社的品質管理)といい、その後経営陣のトップダウンによる品質管理に拡大されたTQM(総合的品質管理)に発展、名称変更された。

近年の品質管理の課題

このように、戦後日本に米国から導入された品質管理を日本的品質管理として進化させ、国際競争力を向上させてきた。

しかし、近年では上場企業によるデータの改ざんなど、品質不祥事が散発している。トップをはじめ全従業員が、顧客視点に立った品質管理を愚直に周知・徹底することが求められる。

図1 顧客が満足する品質

顧客満足度（CS：Customer Satisfaction）

良い品質 ＝ 顧客満足度が高い

●顧客が高性能を重視する場合
↓
良い品質＝性能の高さ＞価格、納期

●顧客が操作性、耐久性を重視する場合
↓
良い品質＝操作性、耐久性＞性能、納期

●顧客がすぐにでも手に入れたい場合
↓
良い品質＝納期の短さ＞性能、価格

図2 狙いの品質と出来栄えの品質

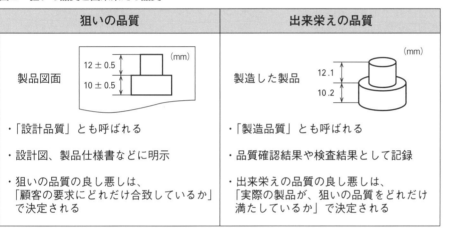

狙いの品質	出来栄えの品質
製品図面　12±0.5　10±0.5　(mm)	製造した製品　12.1　10.2　(mm)
・「設計品質」とも呼ばれる	・「製造品質」とも呼ばれる
・設計図、製品仕様書などに明示	・品質確認結果や検査結果として記録
・狙いの品質の良し悪しは、「顧客の要求にどれだけ合致しているか」で決定される	・出来栄えの品質の良し悪しは、「実際の製品が、狙いの品質をどれだけ満たしているか」で決定される

なるほどね！

図3 日本と米国における品質管理の歴史

年代	1940年〜1950年代	1960年代	1970年代	1980年代	1990年代	2000年代	2010年代	2020年代
世界の出来事	1945年 第2次世界大戦終戦				1991年　バブル崩壊 1990年代　グローバル化の進展 2008年　リーマンショック			
日本	1950年　デミング博士来日、デミングサークル、SQC講話 1954年　ジュラン博士来日、QCとSQC講和 QC（品質管理） 1954年〜1973年頃　高度経済成長期 SQC 1960年代 SQCの導入、QCサークル活動 TQC 1970年代 日本的TQCに発展 1996年 TQCはTQMに名称変更 TQM 2010年代〜 一流企業の 品質不祥事散発							

良い品質の製品をバラツキなくつくる❷
品質管理の７つ道具

◆QC７つ道具は事実に基づく管理を支援するツールである
◆目的に応じて QC７つ道具を使い分ける

QC７つ道具の目的

　品質管理には、「事実に基づく管理」という考え方がある。これは過去の経験やカンに頼ることなく、事実をデータに基づいて客観的に判断することである。「事実に基づく管理」では、収集したデータを見える化し、分析・評価する。その基本的な統計的手法が、QC７つ道具である。

　QC７つ道具には、パレート図、特性要因図、グラフ・管理図、チェックシート、ヒストグラム、散布図、層別の７つの手法がある。

QC７つ道具の内容と使い方

1.　パレート図(図1①)

　不良やクレームなどの件数や金額を項目別や原因別に分類する。横軸に出現頻度の大きい項目を左から順番に並べ、縦軸に各項目の割合とその累積和を示す。調査対象全体に占める割合の多い項目や原因が、どの程度の問題や影響があるのか、ひと目で把握できる。たとえば、どの項目から品質改善に取り組むかを決める場合、パレート図により取り組む優先順位を決めることができる。

2.　特性要因図(図1②)

　調査しようとする特性に対し、どんな要因が関係しているのかを表現した図で、その形からフィッシュボーン図(魚の骨)ともいわれる。４M(人、設備、材料、方法)などの視点から要因を洗い出すことで、抜けのない分析ができる。

3.　グラフ・管理図(図1③)

　データを視覚的に表現したもので、棒グラフや折れ線グラフなど多くの種類がある。管理図は、折れ線グラフに中心線や管理限界線を持つ図をい

う。データをグラフにすることで、数値の比較やデータの変化をひと目で見て、直感的に理解しやすくなる。

4.　チェックシート(図1④)

　簡単にチェックを行うことで、情報を収集・集計できる図や表である。データの収集や問題分析のための「記録・調査用」と、定められた項目をチェックする「点検・確認用」がある。

5.　ヒストグラム(図1⑤)

　バラツキを持ったデータを柱状にした図で、分布の平均値やバラツキを把握することができる。

6.　散布図(図1⑥)

　ある２種類のデータの相関関係を分析する場合に用いるグラフである。点の分布パターンにより正の相関、負の相関、相関関係なしに分類できる。

7.　層別(図1⑦)

　収集したデータの特徴によってグループ分けをすることである。たとえば、不良原因のデータであれば、機械別や作業者別にグループ分けする。

QC７つ道具の活用

　品質管理では、事実を表すデータに基づき、製品品質や製造工程の問題を客観的に把握し、PDCAを回しながら改善することが求められる。そのために、適切なQC７つ道具を選択し活用する。

　ここで重要なことは、QC７つ道具により得られたデータを図や表にまとめるだけでなく、それらの図や表から問題や課題を考察し、改善に向けてアクションを取ることである。

　数値データを扱うQC７つ道具とは別に、「強い・弱い」「きれい・汚い」といった言語データを扱う「新QC７つ道具」という手法もある(図2)。

図1　QC 7つ道具

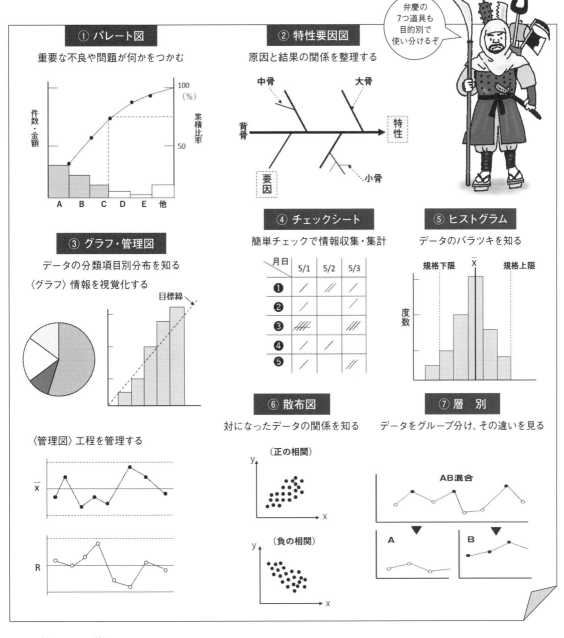

① パレート図
重要な不良や問題が何かをつかむ

② 特性要因図
原因と結果の関係を整理する

弁慶の7つ道具も目的別で使い分けるぞ

③ グラフ・管理図
データの分類項目別分布を知る
〈グラフ〉情報を視覚化する
〈管理図〉工程を管理する

④ チェックシート
簡単チェックで情報収集・集計

⑤ ヒストグラム
データのバラツキを知る

⑥ 散布図
対になったデータの関係を知る

⑦ 層　別
データをグループ分け、その違いを見る

図2　新 QC 7つ道具

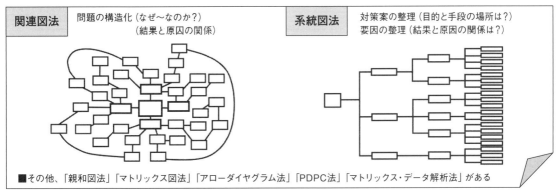

関連図法
問題の構造化（なぜ～なのか？）
（結果と原因の関係）

系統図法
対策案の整理（目的と手段の場所は？）
要因の整理（結果と原因の関係は？）

■その他、「親和図法」「マトリックス図法」「アローダイヤグラム法」「PDPC法」「マトリックス・データ解析法」がある

3-6 良い品質の製品をバラツキなくつくる❸ QCストーリー

POINT
◆QCストーリーにより効果的に問題解決ができる
◆テーマの選定から反省までの8つのステップがある

品質管理の問題とは

QCストーリーとは、品質管理における問題を効果的に解決するための進め方をいう。品質管理における問題とは、現状とあるべき姿（目標）とのギャップをいう。たとえば、工程内不良率の目標が1％以下で、その実績値が1.5％の場合、問題は0.5％の目標未達となる（**図1**）。

QCストーリーとは

1. 目的

問題を解決するために、QCストーリーといわれる8つのステップに従って取り組む（**図2**）。短い時間で効率的に問題解決することが可能となり、このステップを繰り返すことで、PDCAサイクルを回し、継続的な改善となる。

また、問題解決活動を上司や関連部門にQCストーリーに基づいて報告することで、相手に伝えやすく、理解しやすい報告が可能となる。

2. 問題解決の8つのステップ

(1)テーマの選定

職場における問題を関係者と洗い出し、その問題の重要度や緊急度などを検討し、優先順位を評価、決定する。パレート図は、問題の優先順位やその影響度を簡単に評価できる有効なQC7つ道具の1つである。

(2)現状の把握 / 目標の設定

選定したテーマについて現状を客観的データで把握する。そして、何を、どれだけ、いつまでにという具体的な項目を定量化して目標設定する。

(3)活動計画の作成

目標を達成するために、5W2Hを考慮して具体的な計画を立案する。5W2Hとは、Who（だれが）When（いつ）、Where（どこで）、What（何を）、Why（なぜ）、How（どのように）、How much（いくらで）を意味する。これにより抜けのない計画が立案できる。

(4)要因の解析

4M（人、設備、材料、方法）の切口から発生要因と流出要因の両面から洗い出し、そして絞り込む。4M以外にも、測定や環境といった要因も考えることで、偏りや抜けのない要因の洗い出しと分析が可能となる。特性要因図は、特性と要因を視覚化する有効なQC7つ道具の1つである。

(5)対策立案 / 実施

絞り込まれた要因ごとに対策を立案する。効果、費用、対策期間といった総合的な観点から各対策案を評価し、実施する対策案を決定、実施する。

(6)効果の確認と次のステップへの見直し

対策後の効果を確認するとともに、対策により悪影響がないかという視点でも確認する。

(7)標準化と歯止め

対策効果が確認できたら、対策内容をQC工程表や作業標準書などに反映することで標準化し、維持管理により問題再発に歯止めをかける。

(8)残った問題と今後の計画

最後のステップとして、活動してきた良い点ばかりでなく、悪い点も反省して次の活動に活かす。

QCストーリーの活用

QCストーリーは、製造業のQCサークル活動に代表されるグループでの問題解決手法として知られている。この手法は、製造部門に限らず、どのような業種や部門においても役立つ手法である。

図1 品質管理の問題とは

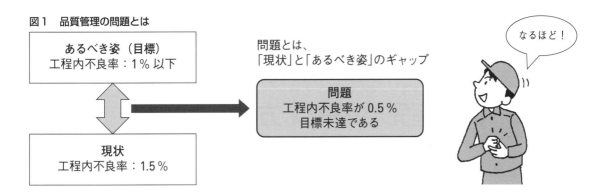

あるべき姿（目標）
工程内不良率：1% 以下

現状
工程内不良率：1.5 %

問題とは、
「現状」と「あるべき姿」のギャップ

問題
工程内不良率が 0.5 %
目標未達である

なるほど！

図2 QC ストーリーの 8 つのステップと有効な QC 7つ道具

〈有効なQC 7つ道具〉

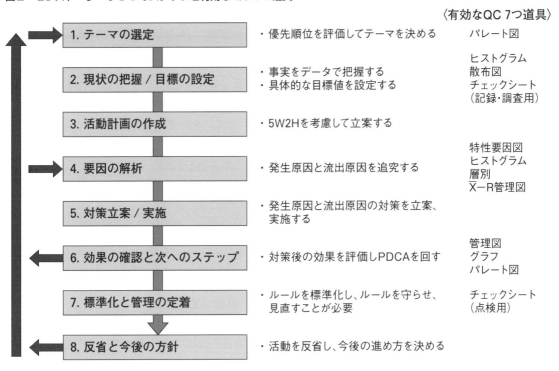

ステップ	内容	有効なQC 7つ道具
1. テーマの選定	・優先順位を評価してテーマを決める	パレート図
2. 現状の把握 / 目標の設定	・事実をデータで把握する ・具体的な目標値を設定する	ヒストグラム 散布図 チェックシート （記録・調査用）
3. 活動計画の作成	・5W2Hを考慮して立案する	
4. 要因の解析	・発生原因と流出原因を追究する	特性要因図 ヒストグラム 層別 $\bar{X}$−R管理図
5. 対策立案 / 実施	・発生原因と流出原因の対策を立案、実施する	
6. 効果の確認と次へのステップ	・対策後の効果を評価しPDCAを回す	管理図 グラフ パレート図
7. 標準化と管理の定着	・ルールを標準化し、ルールを守らせ、見直すことが必要	チェックシート （点検用）
8. 反省と今後の方針	・活動を反省し、今後の進め方を決める	

QCサークル活動報告書

作成日 2021/8/30

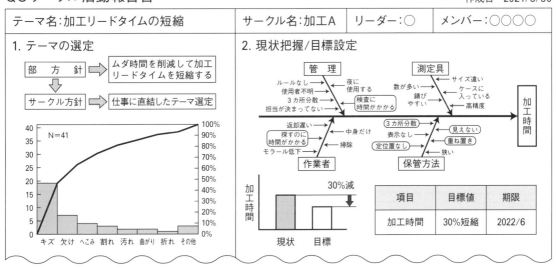

テーマ名：加工リードタイムの短縮	サークル名：加工A	リーダー：○	メンバー：○○○○

1. テーマの選定

部方針 ⇒ ムダ時間を削減して加工リードタイムを短縮する

サークル方針 ⇒ 仕事に直結したテーマ選定

N=41

キズ 欠け へこみ 割れ 汚れ 曲がり 折れ その他

2. 現状把握/目標設定

管理 / 測定具 / 作業者 / 保管方法 → 加工時間

30%減

項目	目標値	期限
加工時間	30%短縮	2022/6

良い品質の製品をバラツキなくつくる❹
自工程完結の考え方

◆自工程完結はトヨタ生産方式の「自働化」から生まれた
◆自工程完結も品質管理の考え方も「品質は工程でつくり込む」

自工程完結の由来

自工程完結は、トヨタ生産方式の「自働化」から生まれた考え方である。トヨタの始祖である豊田佐吉氏が発明した自動織機は、異常が発生すると自動的に織機が停止する仕組みを備えていた。この自動織機が発明されるまでは、経糸が切れるという異常を発見するために、作業者が見回り確認していた。しかし、この自動織機は、作業者に頼らず自動的に糸切れを検知し、織機を停止した。手動の織機を「自動化」し、さらに自動的に異常を検知して織機を停止させ、不良品をつくらなかった。この仕組みを自働化と呼ぶ（図1）。

トヨタはこの仕組みを生産設備・ラインに応用した。すなわち、自工程の異常を検知して生産設備・ラインを停止させ、不良品そのものをつくらない。良品のみを製造し不良品を後工程に流さない「自工程完結」による生産活動を目指している。

自工程完結の基本的な考え方

自工程完結の基本的な考え方は、「前工程から不良を受け取らない」「自分の工程の異常を検知し工程を止め不良をつくらない」「不良を後工程に流さない」である（図2）。

異常が発生したら、その異常の原因を徹底的に追究し、その真因に対策を実施する。次の異常が発生したら、その真因追究と対策実施を繰り返し、良品だけをつくる工程を目指して改善を続ける。

この考え方を製造部門だけでなく、設計・開発部門や調達部門などの全部門が実践する。自工程の品質に責任を持ち、自工程で不良をつくらないことで、品質向上を目指すのである。

品質管理に共通する自工程完結の考え方

自工程完結は、トヨタ生産方式の自働化の考え方から発展してきたが、品質管理の考え方と異なるものではない。

1. 見える化、目で見る管理

品質管理には、「見える化」や「目で見る管理」という考え方がある。発生した異常を目で見えるように顕在化することで、即時にアクションを取ることができるようにする。

そのために、まず正常と異常の判定基準を決める。次に異常を検知したら、異常を見える状態にする（図3）。そして、発見した異常に対する応急処置・再発防止策を徹底する。

2. 品質は工程でつくり込む

この考え方は、不良品を検査によって取り除いて、良品を確保するのではない。自工程でつくる製品の品質を安定させ、すべてが良品となる工程づくりを目指すのである。そのために、工程の作業方法や管理項目を決め、遵守することが必要である。「プロセス管理」や「バラツキ管理」という考え方も同じである。

3. 標準化

各工程の作業方法や管理項目を標準化し、その内容を作業標準書に反映する。その作業標準書に基づき、作業者への教育・訓練と作業遵守を徹底することで、各工程の作業方法を最も良い方法で運営し、作業のバラツキを小さくできる。

4. まとめ

このように、「良品を安定して製造できる工程を実現し、後工程に迷惑をかけない」という考え方は、品質管理にも自工程完結にも共通している。

図1 自工程完結の由来となった自働化

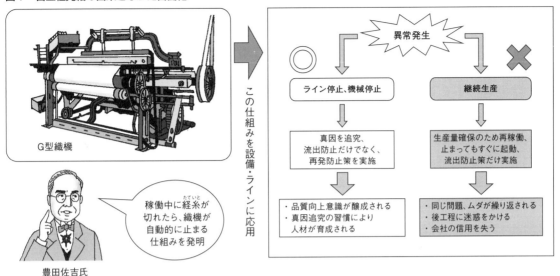

図2 自工程完結

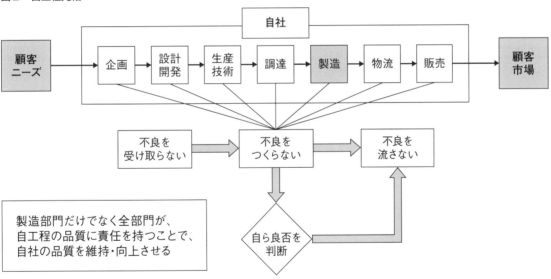

図3 異常の見える化

異常とは、
基準（規格、標準）を満たさない状態

規格幅

異常
（規格外れ）

異常
（規格外れ）

Step 1	①基準を決める （正常な状態を決める）	「異常」で止まる仕組み
Step 2	②基準と比較して判定する	
Step 3	③異常で止める	
Step 4	④異常がわかるようにする	「異常」の見える化

きちんと加工できる設備を維持する❶ 設備保全とは

POINT
◆設備管理には設備の導入と設備の保全（維持・改善）活動がある
◆設備保全は設備経費を最少にする設備の維持・改善活動である

設備管理の位置づけと目的

　企業の生産活動は、人、材料、設備などの経営資源を投入し品質、原価、納期を実現する。そのために、経営資源を適切に管理する手法がある。人に関する労務・人事管理、材料に関する資材・購買管理、設備に関する設備管理がある（**図1**）。

　設備管理の目的は、設備の効率的活用の視点から、設備の停止ロスなどを削減し、生産性を向上させることである。

設備管理の体系

　設備管理の対象は、設備の導入から導入後の生産活動における設備の維持・改善、さらにその廃棄までの設備のライフサイクルにわたる。

　設備を導入する設備計画と設備の維持・管理をする設備保全の2つに大別される（**図2**）。

1. 設備計画

　生産設備は通常は高価なものなので、設備の導入は、企業の中長期の経営戦略や経営計画に基づいて検討・実施されなければならない。設備の必要性や導入目的を明確にし、目的に合った最適な設備の導入を計画する。

　また、導入する設備の投資とその効果を勘案し、複数社の見積りを比較することも必要となる。

2. 設備保全

　たとえば乗用車を購入した場合、エンジンオイルの交換や定期的な車検などメンテナンスが必要である。生産設備の場合は、乗用車より使用頻度や使用環境が厳しいタクシーやトラックといった営業車に要求されるような設備保全が求められる。設備保全には、次の2つの活動がある。

(1)設備機能の維持活動

　設備機能の維持活動は、人間の健康管理とよく似ている。体調を崩せば医者に治療してもらい、手洗いやうがいにより風邪を予防する。

　設備の場合も故障すれば、修理により故障部位を回復させる。しかし、風邪の予防と同じように、設備の故障を未然に防止し、設備機能を維持することがより重要である。すなわち、日常の清掃、給油、ねじやボルトの増締めなどの日常点検により、故障の未然防止が求められるのである。

　設備機能の維持活動の中で、設備が故障したら修理により機能を回復させることを「事後保全」と呼ぶ。設備が故障する前にあらかじめ日常点検などを講じることを「予防保全」と呼ぶ。

(2)設備機能の改善活動

　設備機能には、維持活動の他に改善活動があり、「改良保全」と「保全予防」の2つの活動がある。まず「改良保全」は、発生した故障を修理するだけでなく、再発防止策を講じることで二度と同じ故障を起こさないように設備を改良する。設備の劣化を少なくし、設備の信頼性や日常点検を短時間で実施できるよう保全性も向上させる。

　次に、「保全予防」は、自主保全や故障情報などを基に、設備計画の段階から故障しにくい設備を設計、製造、設置することで故障ゼロを目指す。

(3)設備保全を支えるIoTの活用

　設備機能の維持・改善活動には、センサ技術やIoTの活用が有効である。機械や設備にかかる荷重、振動、回転数などの状況を各種センサによりリアルタイムで計測する。これらのデータを一括監視することで、故障や不具合の兆候を察知し、保全すべき時期を判断できる（**図3**）。

図1　生産活動の経営資源とアウトプット

経営資源	管理手法		アウトプット
人	労務・人事管理		Q：品質
材料	資材・購買管理	生産活動	C：コスト
設備	設備管理		D：納期

図2　設備管理の体系

設備管理は、設備のライフサイクルにわたって設備をマネジメントする

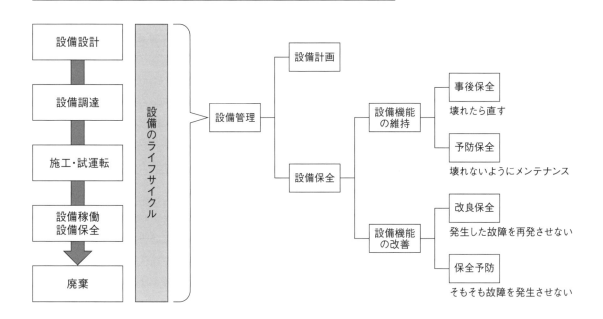

図3　IoT の活用

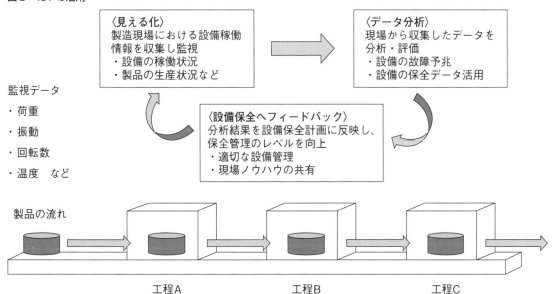

きちんと加工できる設備を維持する❷ 設備ロスの改善

POINT
◆生産活動では設備の稼働ロスと人の作業ロスがある
◆設備のロスには停止ロスなど8つのロスがある

生産活動におけるロスとは

　生産活動のロスには、設備が停止するなどの理由により設備の稼働時間が短くなる「設備ロス」と、人の有効な作業時間が短くなる「人的ロス」が存在する。この項では、8つの設備ロスとその改善方策について説明する（図1）。人的ロスについては、次項で説明する。

設備に関する8つのロスとその改善

1．計画停止ロス

　設備の計画的な停止により操業度が低下するロスである。生産計画や設備保全の必要から、計画的な設備停止はやむを得ないが、効率的な設備停止計画を立案する。

2．故障ロス

　突発的もしくは慢性的に発生する設備の故障により設備が長時間にわたって停止し、部品の交換や修理をするために発生するロスである（図2）。

　設備が故障せず稼働する時間を延ばすこと（設備の信頼性）と、故障発生から回復するまでの時間をいかに短くするか（設備の保全性）が求められる。

3．段取り・調整ロス

　現在生産している製品から、次の製品の生産用の型や治具に替える型替えや、良品を確保するために位置決めなどの調整を行うロスである。

　段取り時間の短縮には、内段取りを外段取りに変更することが有効である。また、位置決め作業の効率化には必要な測定機器や治工具を工夫し、調整作業の標準化と作業者教育により、時間短縮や調整用製品サンプル数の削減を図る。

4．刃具交換ロス

　刃具の定期交換や刃具破損による交換に伴うロスである。刃具破損の場合、刃具交換だけでなく、刃具破損による不良品が発生し、手直しなどの処置に関係するロスも含まれる。

　対策として、刃具の交換方法を見直し、交換時間を短縮する。また、刃具の形状や材質を変更することで、刃具の寿命延長を図る。

5．立ち上がりロス

　設備を立ち上げてから生産開始までのロスである（図3）。設備停止には、故障による長時間停止、昼勤と夜勤の間や昼休みによるものがある。

　特に、寒冷地の場合や精度の高い製品を製造する場合は、設備停止時間や作業環境の温度変化による製品への影響を調査し、暖機運転や温度調節を実施する。

6．チョコ停ロス

　部品交換や修理は伴わないが、一時的なトラブルにより設備が停止するロスである。たとえば、部品が治具に詰まるようなケースである。

　作業者がいない自動機や搬送設備などでは、長時間停止につながるため、設備異常を見える化することが重要である。

7．速度低下ロス

　設備の実際のスピードが、設定スピードより遅いために発生するロスである。設定スピードと実際のスピードの差の原因を調査し、適切な対策を実施する。

8．不良・手直しロス

　不良や手直しによる廃棄や修正するロスである。突発不良と慢性不良が存在し、いずれに対しても、不良の真因を追究して有効な対策を実施する。

図1 設備ロスの分類

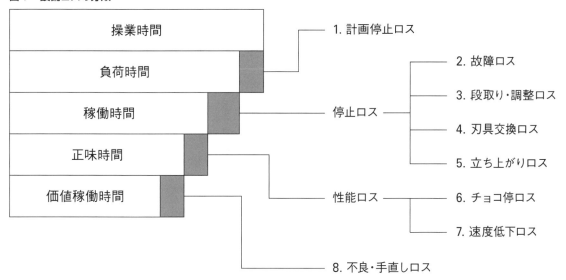

図2 故障ロス

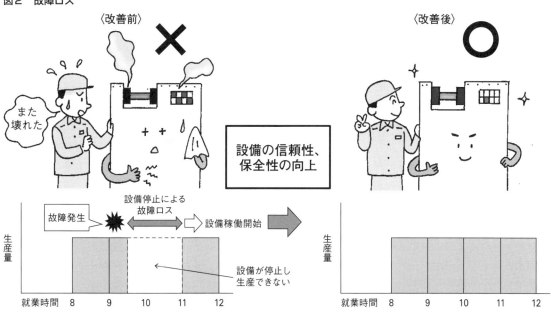

図3 立ち上がりロス

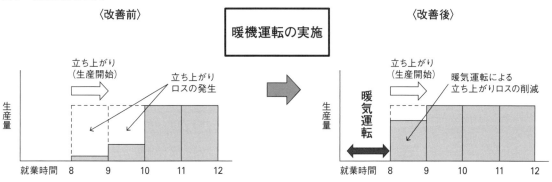

3-7 きちんと加工できる設備を維持する❸
人的ロスの改善

◆人の作業を阻害するロスには5つのロスがある
◆身近な2Sから始めて作業のロスを顕在化し改善する

人の作業を阻害する5つのロスと改善

人的ロスは人の作業を阻害するロスである。作業者の動作、作業方法、レイアウトなどのまずさにより発生する場合や、非効率な作業を行う場合があり、5つのロスに分類される（図1）。

1. 管理ロス

管理のまずさにより発生する手待ちロスをいう。たとえば、作業者が必要な材料供給や上司の作業指示を待つことである。また、設備故障の修理完了を待つ場合も含まれる。作業者の問題ではなく、管理監督者による管理上のロスといえる。

管理監督者のマネジメント能力を上げることに加えて、手待ちが生じた場合に、他の作業を行うなど職場の協力体制も求められる。

2. 動作ロス

作業者のムダな動作によって生じる時間的なロスをいう。たとえば、組立工程で部品や締付治具を探すムダやしゃがんでから部品を取り出す動作、取り出した部品を持ち替えてから組み付ける動作など非効率な動作である。

作業者が探すムダをなくすには、2S（整理・整頓）や部品、治具の見える化が効果的である。たとえば、部品や治具を置く位置を取りやすい位置に決め、識別・明示する。多品種の部品箱にはランプなどで取り出し指示を出し、探すムダを削減する（図2）。

また作業者の非効率な動作をなくすには、動作面から作業方法を見直す。たとえば、両手を同時に使う。左手で組付部品を取り、右手で締付治具を使用する。この場合、左利きと右利きの作業者により、部品や締付治具の位置も考慮する。

3. 編成ロス

作業者が複数の工程や設備を担当する場合に、工程や設備のサイクルが完了するのを待つロスをいう。また、ライン生産における工程間で発生する手待ちロスをいう。

ライン生産において、各工程の所要時間のバランスを取ることで、ライン編成効率を改善することができる。たとえば、5工程から構成される生産ラインの各工程の所要時間を見直し、工程改善により所要時間を短縮することで、ライン編成効率を改善させることができる（図3）。

4. 自動化置換ロス

人の作業を自動化することで省人が可能であるのに、自動化しないことにより発生する人的ロスをいう。作業者による製品の供給・払い出しや運搬などの業務を自動化しないことも含まれる。

たとえば、工程間の製品の移動を作業者が運搬台車を使っていた場合、人の作業に頼らない方法を考える。まず、工程間の距離を短くして運搬を必要としない、もしくは運搬距離を短くするレイアウトに変更する。工程間で「コロコン」などを活用して省人化を考える。あるいは、工程間を自動搬送装置（AGV）で搬送させることも一案である。

5. 測定調整ロス

製品の品質確認や不良品の流出防止のために、製品の測定・調整を実施する工数のロスをいう。製品や工程のバラツキを調査し、工程能力が不足している場合は、工程改善などにより能力を向上させる。作業者による全数検査は、全自動画像検査装置の採用を検討する。定期的な抜取検査は、簡易的に測定可能な測定治具や測定機器を含めた測定方法を見直し、検査の効率化を図る。

図1　人的ロスの分類

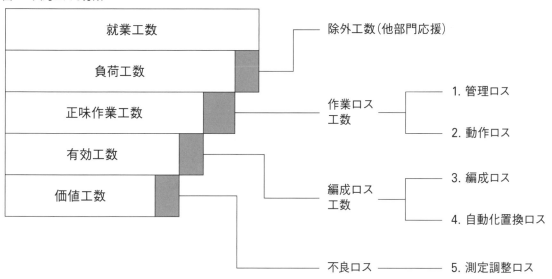

図2　動作ロス（探すムダ）

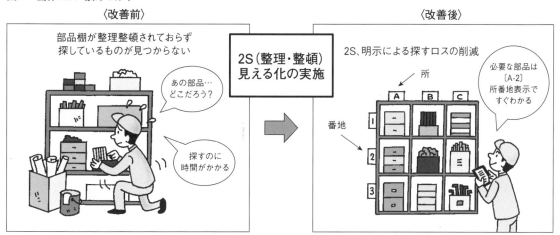

図3　編成ロス（ライン生産）

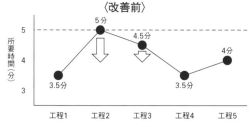

項目	改善前
①総作業時間	20.5分
②工程数	5
③標準サイクルタイム	5分
④②×③	25分
ライン編成効率＝①/④	20.5/25＝0.82

ライン編成効率＝総作業時間/（工程数×標準サイクルタイム）

工場の編成を見直し・改善

項目	改善後
①総作業時間	19分
②工程数	5
③標準サイクルタイム	4分
④②×③	20分
ライン編成効率＝①/④	19/20＝0.95

ライン編成効率が、0.82から0.95に改善された

きちんと加工できる設備を維持する❹ TPM

◆戦後日本に導入された設備保全の考え方が TPM に進化
◆TPM は全社的に取り組み、設備がわかる人づくりを目指す

TPMとその変遷

1. TPMとは

TPMとは、「Total Productive Maintenance」と「Total Productive Management」の頭文字を取ったもので、Mはメンテナンス（＝保全）だけでなく、マネジメントも意味する。「全員参加の生産保全・全員参加の生産経営」といわれる。

2. TPMの変遷

戦後米国から設備保全の考え方が日本に導入され、TPMとして発展し、戦後日本の製造業発展に大きく寄与してきた。

戦前までは、設備が故障したら修理するという「事後保全」であったが、戦後になって故障する前にメンテナンスを行う「予防保全」の考えが導入された。その後、故障の再発防止策により設備機能の改善を図る「改良保全」に発展し、新しい設備を計画する段階から過去の経験や情報を設備設計に反映させる「保全予防」へと発展した。

このような保全活動をさらに全社的に展開した活動がTPMで、1971年にスタートしている。品質管理活動を全社的に展開したTQM（全社的品質管理）と共通している（**図1**）。

TPM活動の導入ステップと導入の8本柱

1. 導入ステップ

TPM活動は、準備段階から導入開始、導入実施、さらに定着段階と、4つの段階を踏んでいく。トップの強い決意と中間管理者および従業員への周知、理解が重要である（**図2**）。

2. 導入の8本柱

基本理念を基に、生産性の向上や企業業績の目標達成のための8つの活動を推進する（**図3**）。

(1)**生産システム効率化の個別改善**

対象職場、ライン、設備のロスの分析・改善をQCストーリーに従って効果的効率的に展開する。

(2)**自主保全体制**

「自分の設備は自分で守る」ことを目的として、設備の日常点検、部品交換などを行う。

(3)**計画保全体制**

計画的な保全を保全部門が専門に実施し、故障低減や部品寿命延長を図る。

(4)**製品・設備開発管理体制**

過去の故障/改善情報を基に信頼性、保全性、安全性などの高い設備を開発する。

(5)**品質保全体制**

不良が発生しない製造条件を設定し、維持管理により不良ゼロを目指し、不良の未然防止を図る。

(6)**教育・訓練体制**

職場に必要な技能やスキルを洗い出し、それぞれを評価し、教育・訓練により向上を図る。

(7)**管理・間接の効率化体制**

製造部門だけでなく、生産技術、購買、生産管理などの管理・間接部門の5Sや見える化を実施し、業務のムダを削減し効率化を図る。

(8)**安全・衛生と環境の管理体制**

無事故・無災害の徹底とゴミやCO_2削減などの環境にやさしい生産活動を展開する。

3. 人材の育成

TPMの狙いは、このような活動を通じて、問題発生の未然防止の仕組みを確立し、ロスゼロの職場を継続的に維持発展することである。そのためには、生産部門をはじめあらゆる部門にわたり、TPM活動を支える人材の育成が重要である。

図1 TPMの変遷

戦後	1950年代	1960年代	1970年代	1980年代	1990年代	2000年代	2010年代	2020年代

1945年
第2次世界大戦終戦
　　　　　　　1954年〜1973年頃　高度経済成長期

1991年　バブル崩壊
1990年代　グローバル化の進展
　　　　　　　　　2008年　リーマンショック

事後保全（Breakdown Maintenance）　壊れたら直す

予防保全（Preventive Maintenance）　壊れないようにメンテナンス

改良保全（Corrective Maintenance）　壊れないように改善

保全予防（Maintenance Prevention）　壊れない設備づくり

全員参加の生産保全　TPM（Total Productive Maintenance）

全員参加の生産経営　TPM（Total Productive Management）

図2 TPM活動導入のステップ

④定着段階

③導入実施
（導入の8本柱の体制づくり）

②導入開始
（キックオフ、基本方針と目標設定、導入計画策定）

①準備段階
（トップの導入宣言、推進体制の構築、教育啓蒙活動など）

図3 TPM活動導入の8本柱

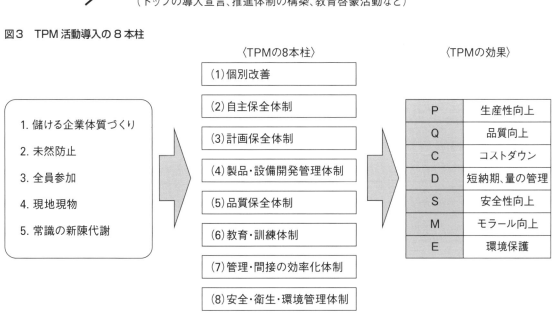

〈TPMの8本柱〉

（1）個別改善

（2）自主保全体制

（3）計画保全体制

（4）製品・設備開発管理体制

（5）品質保全体制

（6）教育・訓練体制

（7）管理・間接の効率化体制

（8）安全・衛生・環境管理体制

1. 儲ける企業体質づくり
2. 未然防止
3. 全員参加
4. 現地現物
5. 常識の新陳代謝

〈TPMの効果〉

P	生産性向上
Q	品質向上
C	コストダウン
D	短納期、量の管理
S	安全性向上
M	モラール向上
E	環境保護

コストをさまざまな方法で抑える❶
原価とは

POINT
◆原価管理は、計画的・継続的に低減するよう取り組む
◆原価を見える化し、目標を明確にした管理が必要

なぜ原価が重要なのか

　会社は永続的に利益を計上し、事業を継続しなければならない。会社が利益を出すための公式は、**図1**の通りである。

　売上げを増やすための方法は、販売数量を増やすか、付加価値の増加などにより単価を上げるか、の2つである。いずれも企業として生産・販売の努力が必要である。ところが、努力したからといって売上げが増えるとは限らない。購入するかどうかは買い手が決めることで、売り手は決定を買い手に委ねるしかない。

　一方、原価は自社の努力で引き下げることができる。購入品、外注については社外の協力が必要だが、それ以外は社内の努力で引き下げられる。購入品や外注加工については、関係者と一緒になって発注方法・生産の合理化の取組みを行うことにより、成果を上げることができる。

原価低減とは

　原価低減とは、製品の設計仕様、原材料、加工方法、生産技術などを改善することにより、原価を引き下げることである。

　効果的に原価を引き下げるための第1ステップは、実態の把握・分析である。原材料、労務、設備、その他のコストなど、費用別に実態をつかむ。そのためには、決算書の「製造原価報告書」が役立つ。**表1**は、製造原価報告書の最もシンプルな例である。会社によっては部門別に毎月の原価を明らかにしているので活用したい。

　製造原価報告書の科目の中で注意が必要なのは、減価償却費である。減価償却費は現場がいくら努力しても引き下げられない。機械や装置は、購入した時点でその後何年もの減価償却費が決まってしまうからである。確かに新しい装置によって生産性は向上するが、それとは別に現場の知恵による改善、生産性向上、原価低減に取り組み、企業の体力強化、競争力につなげたい。

　第2ステップは、目標原価の設定である。実態の分析に基づいて、取り組むべきターゲットを絞り込むことが望ましい。そのうえで、第3ステップで実行、具体的な原価低減活動が始まる。

　原価低減の取組みのポイントは**表2**の通りである。現場には改善のネタが転がっている。この中から取り組むべきターゲットを選んで、原価低減に取り組むとよい。

儲かっていない会社こそ、原価低減

　次に、儲かっている会社と儲かっていない会社を比較してみよう。売上げが同じ100億円の会社が2社あり、A社は利益率5％（利益5億円、原価95億円）、B社は1％（利益1億円、原価99億円）であったとする。それぞれの会社が原価を10％引き下げると、A社の利益が14億5,000万円に、一方B社の利益は10億9,000万円になる。利益の増加額は4,000万円の違いしかないが、B社の利益は10倍以上増えている。そもそも、利益率の低い会社は赤字と隣合せであることから、儲かっていない会社ほど原価低減に取り組む意味が大きいということになる。

　概して、儲かっていない会社は原価低減の努力が少なく、効果を上げるのに苦労するが、その壁を乗り越えると、原価低減の材料は豊富にあることに気づくだろう。

図1 会社の利益の公式

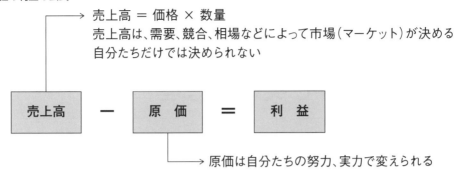

だから、利益を出そうと思ったら、原価を引き下げる努力をしなければならない

表1 製造原価報告書の例

製造原価			50（百万円）	備　考
材料費	材料費		20	社内で加工、組立するための材料・部品購入費用
労務費	労務費		15	製造業務に携わる全従業員の人件費、福利厚生費
その他	外注費		10	製造の一部を外部に委託するために発生する費用
製造経費	減価償却費		2	建物、設備、機械など大型投資のうち、今年度に計上する費用
	その他の製造原価		3	上記以外の製造に要するすべての費用

表2 原価低減の視点

1. 原材料費の低減	・原材料の歩留りを上げられないか ・原材料の廃棄を減らせないか	・材料の変更によるコスト引き下げができないか ・不良発生による原材料ロスを減らせないか
2. 労働生産性の向上 （労務費の削減）	・工数を減らせないか ・段取り替え時間を短縮できないか	・手待ち時間を削減できないか ・歩行・運搬時間を減らせないか
3. 外注加工費の低減	・外注業務を内作に転換できないか ・外注先と協力関係を築けているか	・外注先の選定は適切か ・外注先と一緒に生産性向上に取り組んでいるか
4. 品質向上	・不良の発生を防止できているか ・仕様見直しの余地はないか	・過剰品質になっていないか
5. 在庫の削減	・製造リードタイムを短縮できないか ・原材料などを過剰に発注していないか	・滞留在庫（死蔵在庫）はないか ・出荷後の流通在庫が多過ぎないか
6. 経費の削減	・省エネの余地はないか ・資源のムダ使いはないか	・作業場や在庫置場のスペースが広すぎないか

3-8 コストをさまざまな方法で抑える❷ 原価目標と実績の管理

POINT
◆標準原価はコスト削減の重要な指標となるもの
◆改善テーマと期待値を明確にし、全員参加で取り組もう

原価低減に取り組む基本的な考え方

原価低減に取り組むには、p.82で述べた通り、原価を材料費、労務費、その他製造経費に分類し、それぞれ目標を数値化して推進する。この目標となる原価のことを標準原価という。これに対して、実際に発生したものが実際原価である。製造の現場は、焦点を絞り込んで原価低減に取り組むことにより、標準原価という目標を効果的に達成できるようになる。

材料費の低減

材料費の低減は、使用する量を減らすか、単価を引き下げるかにより決まる。

1. 材料の有効活用

材料費の低減のためには、同じ材料からより多くの製品をつくるよう、材料の歩留りを向上させることが肝要である（p.25図4参照）。

ここでは回転ずし店の材料費低減の例で考えてみたい。たとえばマグロの短冊（たんざく＝塊）から何切れの刺身を取るかである。必要以上に大きく切ると取れる刺身の数が少なくなり、規格に満たないほど小さく切ると、商品にならずに廃棄となり、歩留りが悪くなる。ムダなく切り分けるのが上手な職人である（図1）。

2. 単価の引き下げ

仕入単価の引き下げは、原価低減になる。ただし、回転ずし店の場合、原材料費率は店の競争力に直結する。良いネタだから売れるのであって、ネタをケチり品質を無視して安い材料に切り替えると、店の評価を落としかねない。一方、工業製品などでは、材料を見直しても性能や評価を落とさずに単価を下げられる場合もある。部品・資材が過剰品質になっていないか、新しい材料で使えるものはないか、検討してみる必要がある。

労務費の低減には労働生産性の向上

労働生産性の向上とは、同じモノを少ない工数でつくれるようにすることである。

そこでまず、工数の削減が有効である。設計段階で工数の大半は決まるが、製造段階では多台持ち、多能工化など現場努力に負うところも多い。

また、段取り時間の短縮は、その工程の生産性が上がるだけでなく、工場全体の製品の流れがよくなることにより工場全体の生産性を高めることになる。

労働生産性の向上のためには、動作のムダ、手待ちのムダ、監視のムダなどを省かなければならない（図2）。工場内のムダに敏感になる必要がある。

その他製造経費の削減にはL/T短縮

その他経費の主なものは、在庫管理費、外注加工費、水道光熱費などがある。

ここでは工場全体の原価低減の着眼点として、リードタイム（L/T）の短縮による倉庫代など在庫管理費削減について述べる。L/Tを短縮すると、特急品が減り、在庫も減らせる。特急品が減らせると計画的な生産ができ、残業や休日出勤も減らせる。また在庫が減ることにより、製品の劣化や陳腐化が防げ、小さな倉庫でムダな動きや経費を減らすことができる。L/Tの短縮は、顧客サービスの向上に貢献するのはもちろんのこと、原価低減にも大きく貢献する（図3）。

図１　材料費の低減

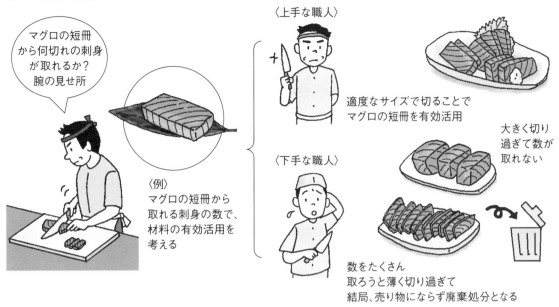

図２　労務費の低減

図３　製造リードタイム短縮と原価低減

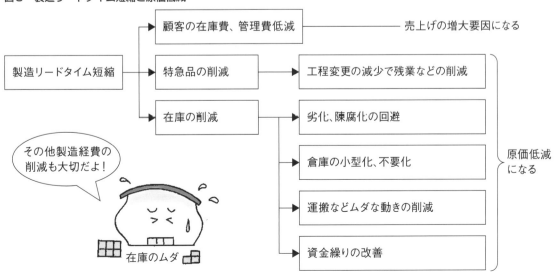

コストをさまざまな方法で抑える❸
社内不良の低減方法

POINT
◆不良品の発生は原価を押し上げ、顧客の信用が低下
◆予防と未然防止、ポカヨケ、見える化で不良品削減

社内不良の発生による原価への影響

不良を発生させると、**表1**に示す通り、原価を押し上げることになる。手直しすれば出荷できる場合は、手直し作業のためのコストが発生する。しかし手直しが利かない場合、再利用できる原料以外のすべてのコストがムダになる。さらに検査、選別に要するコスト、加えて不良品の処分のためのコストが必要になり、それまでかけた工数がムダになってしまう。

そこで、不良をつくらないためにはどうすればよいか、考えてみたい。

作業の標準化による不良低減

作業の標準化とは、作業条件、作業方法、管理方法、使用材料、使用設備、作業要領などに関して誰でもできるよう標準化することである。

作業をそれぞれが思い思いの方法で行うと製品のバラツキが発生しやすくなるし、それが不良につながる。誰がやっても同じ品質の製品ができるようにすることが、作業の標準化である。標準に従って製造作業を行い徹底的に教育することが、不良品をつくらないことにつながる（**図1**）。

標準に従っていたのに不良が発生することもあるが、これは作業標準が機能していないからである。この時は不良が発生した原因を調べ、作業標準自体を見直す。見直すことにより不良の発生しにくい作業標準に改善されるのである。

再発防止による不良低減

不良品の発生は、不良低減に取り組むチャンスと捉えよう。

不良品が発生したら、すぐに不良品の追跡調査を行う。不良品が出荷されている場合は回収作業が必要になり、これら当面の対応が済んだら、早急に再発防止に取り組む。

再発防止の基本は、①問題が発生した真の原因を究明し、②その原因を取り除く、である。多くの場合、不良品を特定する段階で、不良品が発生した直接の原因をつかんでいることだろう。再発防止のためには、表面的な原因にとどまらず、「5つのなぜ」などの手法を活用して真の原因を取り除くことが必要である。

ポカヨケによる不良低減

人間はミスをする生き物である。人間が、ついうっかり犯すミスのことをポカミスといい、それを防止する仕組みのことをポカヨケという。ポカヨケには、機械的な仕組み（ハード）と運用上の仕組み（ソフト）によるものがある。ソフトだけの仕組みだとポカミスを断ち切れないことがあるので、ハード面の仕組みを併用することが必要である。

また、ポカヨケとしては、ポカミス自体が起こらない仕組みをつくることが最も望ましいが、ポカミスが発生した時にすぐに気づけるような仕組みも効果的である。

見える化による不良低減

多くの工場では、異常の発生や予兆を感知して回転灯やブザーが警告を知らせる仕組みがある。同様の効果を持つのが管理図である（**図2**）。

$\overline{X}$-R管理図は、工程の異常を見える化するためのもので、管理限界線を超える異常のほか、工程が特有の偏りを持った場合に警告を与える。

表1　不良発生によるコストへの影響

不良の程度	発生するコスト
手直しすれば出荷できる	手直しに要するコスト
出荷できないが一部は原料として再利用可能	再利用できない部分の製造に要したコスト。再利用のするための作業に要するコスト。不良品の処分に要するコスト
出荷・再利用できない	不良品の製造に要したコスト。不良品の処分に要するコスト

図1　標準化

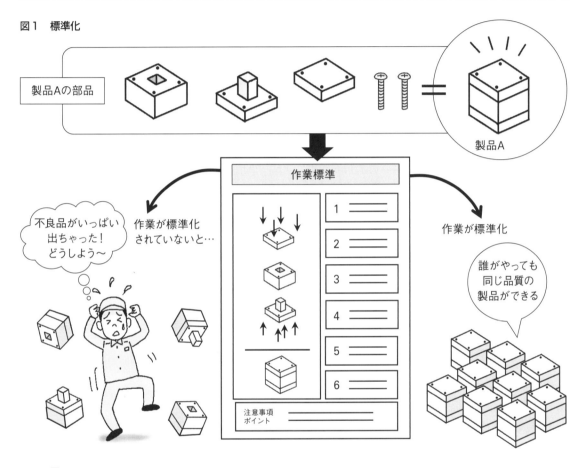

図2　X̄-R 管理図による「見える化」

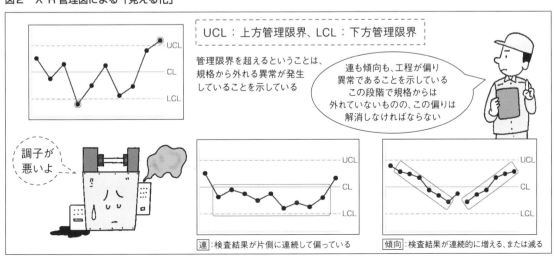

コストをさまざまな方法で抑える❹
納期短縮による原価低減の事例

◆少品種大量出荷品は見込生産に向いている
◆製造リードタイムの短縮は、顧客ニーズに応える最も有効な手段

生産計画の見直しで期限切れを解消した事例

1. 見込生産により期限切れが発生

　ある精米工場では、100種類余りの精米品を出荷している。量販店向けの精米は、夕方に受注し、翌朝の開店時間までに精米後5日以内の製品を納品しなければならない。また、この工場では工程内に仕掛在庫を滞留させないようにするため、原料である玄米の投入から精米工程を経て袋詰めまで一気に行っていた（図1）。完全受注生産にできれば問題はないが、生産能力が足りないため、受注後の精米だけでは開店時間までの配達に間に合わない。そこで、一定の余裕を持って見込生産を中心に行っていたが、需要を読み間違えて5日間の受注量を超えて生産し、期限切れになることもあり、多額の損失が発生していた。

2. 見込生産の限界

　この損失を解消するために、見込生産するものと受注生産するものの基準を明確にした。出荷量の多いものは「大数の法則」が働く。大数の法則によると、出荷数が少ないとバラツキが大きいが、出荷数が大きくなるとバラツキが小さくなる。この法則に従い、出荷量の多いものから見込生産を行い、出荷量の少ないものは受注生産にした。

　ところが、一部の食品スーパーのPB（プライベートブランド、店専用袋を使用）などでは、週末需要に向けて大量の注文が木曜日または金曜日に集中する場合がある。この場合、余分につくると翌週の週末需要まで売れ残り、期限切れになってしまう。

3. あえて仕掛在庫を持つ

　そこで、受注生産すべきものの中から、中身（品種・産地など）が同じで袋だけが違うものを拾い出した。たとえば、同じ新潟県産コシヒカリでも10kg袋、5kg袋、2kg袋があり、さらにAスーパー専用袋、B量販店専用袋があるというものである。これらは袋単位で見るとバラツキが大きいが、中身だけで見ると十分に大数の法則が働くものがあった。そこで見込生産で精米し、袋詰めせずに精米のままいったん保管しておき、受注後に袋詰めすることとした（図2）。受注後に玄米から精米しているのに比べて、受注後の作業を袋詰めだけにすると製造リードタイムが大幅に短縮される。袋詰めしないバラの精米（仕掛品）を持つことにより、受注生産できる袋数が増え、また期限切れを起こさずに精米までの工程を見込生産にできる量も増えた。この結果、この工場では期限切れ在庫による損失発生をゼロにすることができた。

リードタイム短縮で在庫削減

　この事例のポイントは2つある。

　1つ目は、見込生産と受注生産を組み合わせたことである。同じような製品であっても、製造・出荷量が多いと需要予測しやすく見込生産に向くが、少量品はバラツキが大きく見込生産には向かない半面、少量生産のため受注生産で対応しやすい。

　2つ目は仕掛品在庫を持ったことである。原料投入から袋詰め完成品まで一貫生産できるように設計された工場であるが、あえて袋詰め前の段階で仕掛在庫を持つことにより、納入リードタイムが大幅に短縮された。この結果、総在庫量は減少し、期限切れ在庫を解消することができた（図3）。

　この2つのポイントは食品製造以外でも適用できるので、ぜひ検討していただきたい。

図1 精米工場の工程概要（改善前）

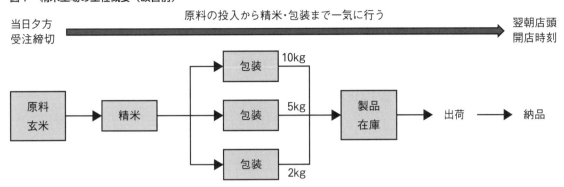

図2 仕掛品在庫によるリードタイム短縮、総在庫の削減

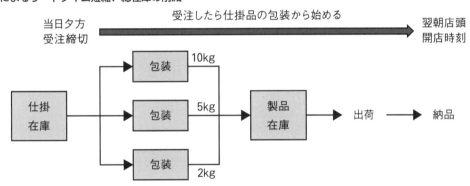

図3 生産計画の区分

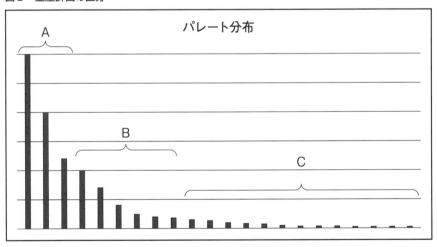

区分	出荷量の変動	出荷	生産方式
A	安定している	少品種大量	原則として見込生産にする。大数の法則の効果で出荷のバラツキが少ないので需要予測しやすい
B	（※下記参照）	中間	加工までは見込生産して仕掛在庫を持つ。受注してからは包装するだけなので製造リードタイムを短縮できる
C	不安定	多品種少量	受注生産にする。出荷量が少ないので受注生産に対応しやすい

※たとえば「新潟県産コシヒカリ」は、10kg、5kg、2kg袋があり、さらに店舗専用袋での出荷も多い。袋別に見ると出荷量は不安定だが、新潟県産コシヒカリとしての出荷量は安定しているので、袋詰めしなければ精米後5日以内に確実に出荷できる

やる気のある職場をつくる❶
仕事の計画と振り返り

POINT
◆メンバーのやる気が職場の活気を高め、成果につながる
◆PDCAサイクルを体験させることで自信を持たせ、成長を支援

「やる気」が差をつける

　職場の活気は、メンバーのやる気に比例する。やる気に満ちた職場は活気にあふれ、チームの成果も上がる。だからこそ、リーダーはメンバーのやる気を高めるためのあらゆる方法を習得したい。

　メンバーのやる気には、外から与えられる外発的なインセンティブと、内から湧き出てくるような内発的なモチベーションがある。インセンティブは金額的な報酬や処遇、表彰などで、即効性は高いが長続きしない。たとえば、給料が増えたら大きなインセンティブとして働くが、慣れてしまって当たり前の状態になるのに時間はかからない。一方、モチベーションとは仕事のやりがいや達成感などに起因し、モチベーションが高まるのに時間はかかるが、一度高まると長続きする(**表1**)。

　メンバーのモチベーションを高めるポイントは「自発性」である。自発的に行動する人は時間とともに行動量が増えていき、成果も高まるのに対して、強制されて行動する人は仕事の成果の立ち上がりが遅く、すぐにいわれたことしかやらないようになってしまう(**図1**)。後輩のやる気を促し育てるには、今から取り組む仕事の意義や重要性を理解してもらうことが何よりも大切である。

人を育てる時もPDCAサイクル

　仕事の基本はPDCAサイクルであり、これは自発的な行動を促す時にも効果的である(**表2**)。

1. Plan：計画

　計画段階では、まずチームとしての目標、役割分担、行動目標を決めて共有しなければならない。さらに仕事の週次、日次の計画を共有し、メンバー個々の役割を理解させ、やる気を促す。

2. Do：実行

　実行段階でのポイントは、①最初は簡単な仕事から取り組ませること、②よほどのことがない限り、失敗してもすぐには口も手も出さないこと、である。

3. Check：振り返り

　計画通りに実行できたかどうかを振り返る。ポイントは、①必ずプロセスと結果を振り返る習慣をつけさせ、②うまくいかなかった点を明確にし、③なぜうまくいかなかったのか本人に原因を考えさせることである。たとえ失敗してもすぐに介入すべきでない理由は、失敗から学ぶ機会を持たせるためである。

4. Act：改善

　ポイントは、失敗を繰り返さないようにさせることである。そのためには、振り返り(C)で明らかにした原因を取り除かなければならない。次に一段レベルアップした仕事ができるようになれば、本人のやる気が加速する。

メンバーを育てることでリーダー自身が育つ

　良い仕事のやり方を気づかせることによって相手も成長するが、それ以上に教えた本人が成長する。教える側が自分の腹に落ちるくらい理解していないとうまく教えられないし、また実際に自分が実践できていないと説得力がない。

　PDCAサイクルがよく回る現場では、リーダーも後輩も育つ。見通しの利く計画を立て、実行したら振り返り、改善する、というサイクルが繰り返される職場の人たちは、やる気が出て、ますます仕事がうまくできるようになる(**図2**)。

表1 インセンティブとモチベーションの比較

インセンティブ（報酬など）	モチベーション（やる気）
外発的な動機づけ	内発的な動機づけ
金銭的な報酬（給与など）	仕事のやりがい、達成感
周囲から働きかけやすい	周囲から働きかけにくい
効果が長続きしない	やりがい・達成感が、次のモチベーションを生み出す

図1 自発的な行動と、強制された行動の違い

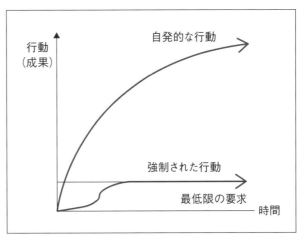

出典：『短期間で組織が変わる行動科学マネジメント』石田淳著 を改編

表2 人を育てるPDCAサイクル

Plan	計 画	チーム目標を共有し、役割を分担し、チームの一員としての行動規範を設定する 週次、日次の生産計画を明示し、メンバーのやる気を引き出す
Do	実 行	計画通りに実行させる ①最初は誰でもできる仕事に確実に取り組ませる ②よほどのことがない限り、失敗してもすぐには介入しない
Check	振り返り	計画を基準に、実行した結果を本人に振り返らせる ①必ず結果を振り返る習慣をつけさせる ②うまくいかなかった点を明確にする ③そこがなぜうまくいかなかったのか本人に原因を考えさせる
Act	改 善	うまくいかなかった点が確認できたら、その原因を取り除く。改善できれば、次は 一段レベルアップした仕事に挑戦でき、褒めることで本人のやる気が加速する

図2 部下を育てることでリーダーも育つ

3-9 やる気のある職場をつくる❷ 危険予知訓練

◆事故防止には、発生した事故の真因を徹底的につぶす
◆危険予知訓練（KYT）で事故発生に敏感な人づくり

設備安全は、隔離と停止の原則で

労働災害が決して発生しないよう、従業員の安全は何より優先しなければならない。

工場で発生する労働災害の多くは、動力機械、装置・設備に起因している。**表1**に例を示す。

1. 隔離の原則

危険なところに近づくことができないようにガードなどで囲うなどして、設備と人を物理的に隔離する方策である。ガードには固定式のものと可動式のものがある。可動式のもので、手動で開けることができる場合は、開けた時の安全対策が必要になる。

2. 停止の原則

危険な区域に人が近づいた場合、またはその恐れがある場合に、それを自動で検知して設備を止める仕組みを装備する。自動検知方式の場合は、光やセンサで人が稼働に入ったことを感知して停止するようにしておく。または、反対にスイッチを押し続けていないと機械が動かないようにしておくことも有効である。

再発を防ぐ予防と未然対応

事故を減らすための取組みの1つに、一度起こした事故は二度と起こさないようにする再発防止がある。再発防止の基本は、事故を引き起こした本当の原因を追究し、その原因を取り除くことである。

再発防止は、個人で取り組むのではなく、チームで行うべきである。大勢の目でいろいろな角度から見ることにより、原因究明や対策検討が幅広く行え、再発防止の効果が上がる。また周囲からの指摘は、再発防止のための気づきを促す。

さらに、製造現場は常に新しい製品、新しいつくり方、新しい設備への対応が求められる。事故発生後の対応である再発防止だけでは、事故を防げない。いまだ発生してはいないが、今後発生する可能性のある事故の未然防止が必要である。

未然防止のポイントは、事故の発生につながるリスクを見極めることである。実際の事故の発生可能性を洗い出すことが、未然防止対策になる。

ハインリッヒの法則と危険予知訓練

労働災害における経験則の1つに、ハインリッヒの法則がある。ハインリッヒの法則とは、1件の重大な事故の陰では29件の軽微な事故が発生していて、さらにその背後に300件のヒヤリ・ハットが潜んでいる、というものである。そこで、ヒヤリ・ハットの情報を集めて対応すれば、事故の発生抑制につながる。問題はヒヤリ・ハットの情報の共有が難しいことである。事故は実際に発生すると重要な経験・情報と位置づけられるが、ヒヤリ・ハットは記録に残りにくく情報共有されにくい。チームで刺激し合いながら、ヒヤリ・ハット情報収集の重要性について認識が必要である。

危険予知訓練（KYT）は、危険が潜む職場のイラストや写真（**図1**）を見て、事故の発生・予防に敏感になるための訓練である。実際の職場が抱える問題をテーマにしているわけではないが、リスクに対する感受性を養うためには有効である。

KYTの進め方は**表2**の通りである。4つのラウンドを通して、チーム全員で考え、話し合い、指差し呼称することを通して、危険に敏感で、安全な職場づくりを進めていただきたい。

表1　工場で発生しやすい事故の例

分類	内容・例
挟まれ、巻き込まれ	プレス機、フォークリフトや台車、戸に挟まれる。チェーンや回転するものに巻き込まれる
墜落、転落	高い所から落ちる、乗っていた場所が崩れる
崩壊、倒壊	積んだもの、足場、立てかけてあったものなどが崩れたり倒れたりする
激突	動いているものが当たる、吊り荷が当たる
飛来、落下	飛んでくるもの、落ちてくるものが当たる
転倒	つまずいて倒れる、滑って倒れる
動作の反動、無理な動作	不自然な姿勢・動作により、ぎっくり腰になる、筋を違える、足をくじく
切れ、こすれ	こすれる、こすれて切れる

図1　危険予知訓練のイラスト例

危険を8カ所
探してください

これは危険に気づく良い訓練になるな〜

表2　危険予知訓練の進め方（4ラウンド法）

4つのラウンド		危険予知訓練の進め方
1R	どんな危険が潜んでいるか（現状把握）	イラストや写真の中に潜んでいる危険要因を発見する。その危険要因と、危険要因が引き起こしかねない現象を想定して意見を出し合い、共有する
2R	危険のポイントはこれだ（本質追究）	危険のうち、重要と思われるものに〇印をつけ、その中で特に重要なものを話し合って絞り込み、◎印とアンダーラインをつける。ここを「危険のポイント」とし、指差し唱和「〇〇なので、〇〇になる、ヨシ」して確認する
3R	あなたならどうする（対策立案）	◎印の危険ポイントを解決するための具体策をみんなで考え、意見を出し合って決める
4R	私たちはこうする（目標設定）	解決策の中から重要なものを絞り込み、※印をつけて「重点実施項目」とする。チーム全員で指差し唱和して確認する

協力会社とうまく付き合う❶
協力会社活用の目的

◆外注加工では、協力会社の育成を含めた協力体制を構築
◆内外作の判断は、会社方針に基づく明確な基準で実施

協力会社と共存共栄

外注とは、自社(発注者側)が指定する設計・仕様・納期によって、外部の企業(受注者側で、外注先、協力会社ともいう)に、部品加工や組立を委託する方法のことをいう。つまり自社の製造工程の一部を外部の企業に委ねることである。

一部に、外注する相手先を一段下に見た言動を見かけることがあるが、これは厳に慎まなければならない。そうした言動のメリットは何もなく、相手の気持ちを考えればデメリットしかない。自社の工程の一部を担ってくれる会社とは協力し合いながら良好な関係を保ち、共存共栄であるべきである。その重要性を強調するため、ここでは「外注先」ではなく「協力会社」という用語を使うこととする。ただし「外注」という行為は外部発注、外部注文の略語として使用する。

協力会社活用の目的

協力会社活用の目的は次の通りである(**表1**)。

1. 専門技術の活用

たとえば、めっきや熱処理のような技術は、専門業者に任せたほうが効果的である。自社は得意な中核技術を高めることを優先すべきであろう。

2. 設備投資の抑制

製品・部品をつくるための設備や機械は、必ずしも全部を自社で揃えるべきとは限らない。

3. 操業度の高位平準化

自社の操業度確保は利益に直結し、操業度が低いと儲からない。自社の生産能力を超えた分を稼働率に余裕のある会社に外注すれば、ピーク時に合わせた設備投資を回避できる。

4. コストの削減

協力会社のほうがコストが低い場合が多々ある。コスト比較の際は自社の残業代、協力会社に対する管理コストも考慮する必要がある。

協力会社活用に当たって気をつけること

工程の中には、協力会社に出さず自社で行うべき以下のようなものがある。

1. 中核的な技術を要する仕事は内作

中核技術は自社の存在意義に直結する。これを外に出すと、自社の優位性がなくなってしまう。また自社固有の技術は、技術レベルを上げ続けるためにも内作すべきである。

2. 機密保持

協力会社に出すことにより、その工程に関する秘密が漏れるリスクが高くなる。秘密情報は慎重に扱わなければならない。

3. 工場の固定費

安いと思って協力会社に出したら、自社の稼働率が下がって、結局利益が減ってしまったという笑えない話がある(**図1**)。原価計算には注意が必要である。

内外作区分の明確化

工程を内作とするか外作に出すかの判断の基準は、経営方針として明確に打ち出すべきで、場当たり的に行うものではない。

誰もが内外作区分を正しく判断できるよう、判定基準を明確にしておくことが望ましい(**表2**)。なお、納期に遅れそうな時に外注すると、コストが高くなる。進捗管理、余力管理をして、生産計画を守ろう。

表1　協力会社活用の目的

専門技術の活用	自社にない技術・設備を専門業者に任せる。自社は中核的な技術に集中する
設備投資の抑制	自社製品だけでは稼働率が低い場合、過剰設備投資を避ける
操業度を高める	需要の変動に対応する。特需に対応する場合は、協力会社活用を優先する
コストの削減	自社で生産するより外注のほうが低コストということがある
その他	自社の労務管理上の理由、関連企業の育成、生産能力の確保など

図1　外注に当たって気をつけるべきこと

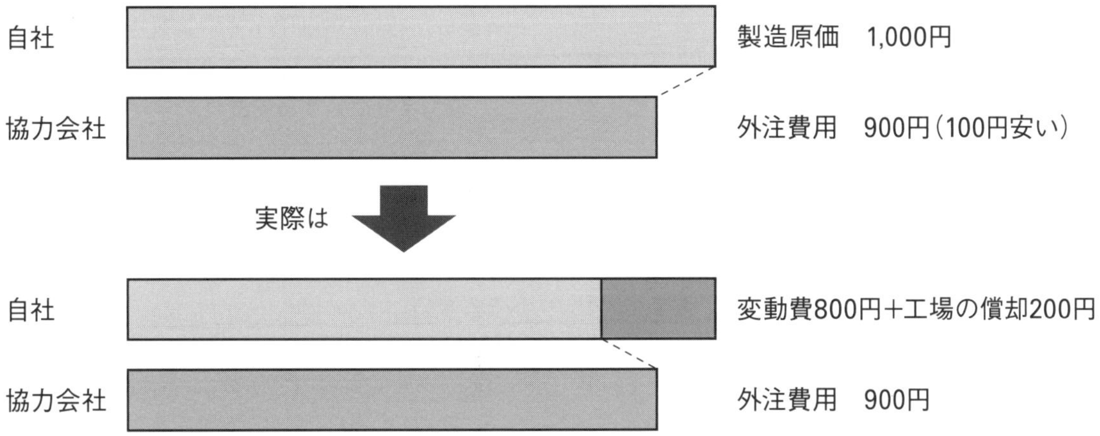

製造原価は自社よりも協力会社のほうが安いが、自社のコストの中には工場の償却費が含まれている。外注すると工場の稼働率が下がり償却（200円）できなくなってしまう。この結果、協力会社に出すと900円の外注費用の他に、実質的に工場の償却費200円の費用が発生するため、割高になる

表2　内外作区分の判定基準（例）

判定基準	協力会社への発注基準
政策	1. 顧客から指定されている 2. 自社の能力を超える受注で自社では費用過大になる場合は協力会社に発注する
技術	1. 自社の中核技術として育てていくものは内作する 2. 自社にない専門技術（特許を含む）の場合は外作
設備	1. 自社では投資しないと判断した設備が必要な加工 2. 生産量が自社の生産能力をオーバーし、協力会社が生産余力を持っている
コスト	1. 協力会社のほうがコストが低い（協力会社に対する管理コストも考慮）
品質	1. 協力会社のほうが品質が良い 2. 自社では要求品質に対応できない
納期	1. 自社の能力をオーバーし、納期に間に合わない 2. トラブルに備えて複数社に発注する　など

協力会社とうまく付き合う❷
外注管理の実務のポイント

◆協力会社の評価・育成は計画的・継続的に行う
◆協力会社への支援は積極的に行うとともに定期的見直しも必要

外注管理とは

自社製品を安定的に製造するためには、協力会社と良好な関係を継続する外注管理が必要である。

外注管理とは、生産活動に当たって内外作の最適分担のもとに、原材料、部品を安定的に外部から調達するための手段の体系のことである。自社の技術、生産能力の不足分を補完し、要求品質を満足し、コスト効率が良いことが協力会社活用の要件となる。内作と同等の品質・納期管理を、協力会社に対して行わなければならない（**表1**）。

外注管理の概要

1. 協力会社の選定・確保

まずは協力会社の開拓、選定である。協力会社は自社の生産工程の一部を担うことになるので、その役割に応えるだけの能力を持つ会社を開拓しなければならない。協力会社の選定に当たっては、QCDなどの多面的な評価基準を設けて判断し、その後も定期的に評価・育成し続けることが不可欠である（**表2**）。また、協力会社のトップや管理者とは意思疎通を心がける必要がある。

2. 納期遵守の管理

協力会社との間では、納期を守る仕組みをつくっておかなければならない。1つは受発注の仕組みの構築である。協力会社への発注・受注がスムーズに行えるようにしておく。また、発注量や納期は、協力会社の能力を反映したものになるよう配慮が必要である。さらに、追加発注やイレギュラーな発注を行う場合には、事前の打合せを徹底しておく。もし協力会社の能力を超えた発注をした場合、納期遅れのリスクを抱えることになる。

それは自社製品の納期遅れや、遅れを取り戻すための余分なコストの発生を引き起こしかねない。

3. 協力会社に対する支援

多くの場合、協力会社は比較的規模の小さい会社の場合が多い。その協力会社は自社よりもQCD管理のレベルが低いかもしれない。したがって、問題が発生した時にはそのフォローを行わなければならない。

たとえば協力会社が納期遅れを発生させてしまった時、その遅れは自社がカバーしなければならない。その後、再発防止の取組みを求めることになるが、納期遅れの原因追究と対策に慣れていないことも考えられる。そんな時には、再発防止のため協力して問題を解決することが必要になる。さらに、その対象を納期だけでなく品質、技術、人材育成に広げることも必要である。

下請法の遵守

協力会社活用に当たっては、下請法を忠実に守らなければならない。下請法は下請事業者を守るための法律で、親事業者（発注者）が立場を利用して「下請けいじめ」をすることを禁じている。

具体的には、親事業者に対する義務と禁止事項が定められている。義務事項には、発注書面の作成（**図1**）、60日以内の代金支払期日の定めなどがあり、禁止事項には、受領拒否、返品、下請代金の減額、買いたたき、購入利用強制、不当な経済上の利益の提供要請など11項目がある。発注書面の記載事項が細部にわたって定められているのは、この1枚ですべての発注条件を明確にするためである。発注書で明文化した内容を守ることが下請法遵守の基本である。

表1　外注管理の概要

外注管理 （発注者責任）	日常的管理	受発注システムの構築：協力会社の能力に合った適切な発注 追加・変更時の事前調整：協力会社との適切な情報連絡 トラブル発生時の対応：トラブル時は自社主導
	訪問型管理	自社管理チームによる定期・随時の訪問指導で協力会社の体制強化 外部専門家の活用
	集合的管理	協力会社の経営者などの集合教育：研修会、セミナーの実施 企業見学：自社協力先による研修、相互啓発
	その他	融資、貸与、情報支援　など

表2　協力会社の評価基準（例）

項目	チェック内容	判定	評価方法	問題点・改善点
協力会社名		部署		実施日
協力会社出席者		評価者		
工場全体	作業環境は適切か		現場の観察	
	出勤状態は明確になっているか		勤務予定表、管理板	
	生産状況が見やすく掲示されているか		掲示板、管理板	
	小集団活動、改善活動が行われているか		掲示板、活動報告	
	安全管理は行き届いているか		現場の観察	
品質	QC工程表はあるか、見直ししているか		QC工程表	
	不良の処理、処分は適切に行っているか		不良処理ルール	
	各段階での検査手順を定め実施しているか		検査基準書、手順書	
	計量器の点検、校正を行っているか		期限表示、校正記録	
納期	納期通りに生産、納入しているか		生産管理板	
	欠品状況がわかるか		未納リスト	

判定：　5＝良い　　4＝やや良い　　3＝まあまあ　　2＝やや悪い　　1＝要改善（まったくダメ）

図1　下請法に基づく発注書面の例

注文書			（発注者）
＿＿＿＿＿＿＿　殿			令和〇年〇月〇日

品名・規格・仕様等			

納期		納入場所		検査完了期日	

数量（単位）	単価(円)	代金(円)	支払期日	支払方法

○本注文書の金額は、消費税・地方消費税抜きの金額です。支払期日には法定税率による消費税額・地方消費税額分を加算して支払います。

収益性❶
労働生産性

POINT
◆収益性とは企業の稼ぐ力、儲ける力のこと
◆労働生産性とは、投入した労働量の有効利用の度合い

収益性とは

1. 収益性は企業の儲ける力の指標

企業は、調達した資金で人、設備、材料などの経営資源を事業活動に投入（インプット）し製造販売して売上げを上げ利益を得ている（アウトプット）。より多くの利益をより少ない経営資源によって得ることができれば、それだけその事業活動は効率が良いということができる。収益性は企業がどれだけ効率良く利益を得られるかを示すもので、企業の稼ぐ力、儲ける力といえる。

2. 労働生産性とは

労働生産性は、労働1時間または従業員1人当たりの付加価値額で算出される（図1）。

労働生産性＝付加価値額／労働時間（従業員数）

付加価値額は、企業が外部から調達した材料などに製造、販売などの事業活動によって新たに加えた価値を金額で表したものである（図2）。

労働生産性は、企業が事業活動に投入した労働力がどれだけ効率的に付加価値を産出しているかを示している。その向上は企業の収益性の向上になり、企業競争力の強化につながる。

労働生産性の課題

「令和3年版厚生労働白書」によると、日本の労働力人口は少子高齢化の進行により2020年の6,868万人をピークに減少に転じ、2040年には6,195万人になると予測されている。

一方、日本生産性本部の「労働生産性の国際比較2021」によると、日本の製造業の労働生産性は2000年にOECD加盟主要31カ国中1位であったものが、2019年には18位まで後退し、ドイツ、韓

国を下回る状況にある（図3）。経済成長を持続していくには、労働生産性の向上が求められている。

労働生産性向上の方法

労働生産性は、インプットである労働力を効率的に活用し、アウトプットである付加価値額を増加することで向上させることができる（図4）。

1. 労働力の効率化

（1）業務の効率化

整理整頓の徹底による、モノを探すムダやチョコ停などのロス排除、IE手法での作業や工程の改善と標準化、業務の簡素化や見える化を進める。

（2）人材育成

業務効率化には、ベテランが蓄積している技能の継承や全体的な業務知識の底上げが必要である。企業内教育として職場内で行うOJT（On-the-Job Training）、職場を離れて行うOff-JT（Off-the-Job Training）を計画的に実施することにより、技能継承や業務知識の強化に取り組む。

（3）設備計画の推進

計画的な設備の更新、省力化投資の提案を行い、設備の効率的利用を進める。

（4）IT化推進

電子メール、Excel、Word、RPAなどを活用した事務・管理の効率化、生産管理パッケージ、IoTなどを活用した業務の効率化をそれぞれ進める。

2. 付加価値額を高める

VA/VEでは製品の価値を以下の計算式で捉える。

V（価値）＝F（機能）／C（コスト）

この考え方により、顧客にとって必要な機能とコストの改善を図り付加価値額を高める（詳細はp.122を参照）。

図1 労働生産性

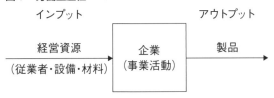

インプット　　　　　　　　アウトプット

経営資源　　　　　　製品
（従業者・設備・材料）

$$労働生産性^{(注)} = \frac{付加価値額}{労働時間（従業員数）} \quad \frac{（産出・アウトプット）}{（投入・インプット）}$$

注）アウトプットに生産量を用いる場合を「物的労働生産性」、付加価値額を用いる場合を「付加価値労働生産性」と呼び、区分する場合がある。本稿では付加価値生産性を、労働生産性として表記する。

図2 付加価値額の算出

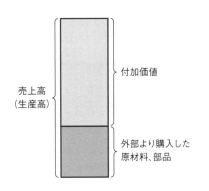

付加価値額の算出方法

1 加算方式
　生み出した価値を積み上げて算出する
　付加価値額＝経常利益
　　　　　　＋（売上原価のうち労務費、減価償却費）
　　　　　　＋（販売費および一般管理費のうち人件費、地代家賃、
　　　　　　　　減価償却費、租税公課）
　　　　　　＋（営業外費用のうち支払利息・割引料）
　　　　　　＋能力開発費
2 控除方式
　加工高（付加価値額）＝生産高－（材料費＋買入部品費＋外注加工費）

図3 製造業の労働生産性水準（2019年　OECD加盟国上位20社）

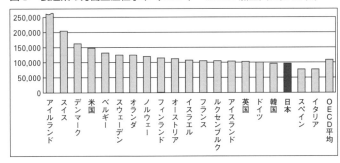

順位	国名	単位：USドル	順位	国名	単位：USドル
1	アイルランド	573,616	11	イスラエル	108,414
2	スイス	204,444	12	フランス	105,157
3	デンマーク	162,112	13	ルクセンブルク	104,810
4	米国	148,321	14	アイスランド	104,627
5	ベルギー	131,646	15	英国	102,219
6	スウェーデン	124,839	16	ドイツ	99,007
7	オランダ	124,630	17	韓国	96,312
8	ノルウェー	120,632	18	日本	95,852
9	フィンランド	115,184	19	スペイン	77,070
10	オーストリア	112,810	20	イタリア	76,980
				OECD平均	107,932

出典：公益財団法人日本生産性本部「労働生産性の国際比較2021」
https://www.jpc-net.jp/research/assets/pdf/report_2020.pdfを基に筆者作成

図4 労働生産性を向上させる方法

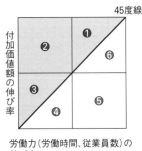

出典：「2018年版中小企業白書」を基に筆者作成

左図の各象限	労働生産性を向上・低下させるパターン	付加価値額の伸び率		労働力の伸び率	労働生産性	企業の状態
❶	付加価値額の伸び率を労働力の伸び率より大きくする	＋	＞	＋	向上	①効率化しながら成長している
❷	付加価値額を増加させ、労働力を減少させる	＋	＞	－	向上	②効率化している
❸	付加価値額の減少率を労働力の減少率より小さくする	－	＞	－	向上	③効率化しながら縮小している
❹	労働力の減少率より付加価値額の減少率が大きい	－	＜	－	低下	④衰退している
❺	労働力が増加し付加価値額が減少している	－	＜	＋	低下	⑤非効率化している
❻	労働力の伸び率が付加価値額の伸び率より大きい	＋	＜	＋	低下	⑥非効率化しながら成長している

収益性❷ 売上高営業利益率

POINT
◆売上高営業利益率で、本業で稼ぐ力を見る
◆売上原価の削減によって売上高営業利益率の改善に取り組む

売上高営業利益率とは

売上高利益率は収益性を示す指標で、事業活動のどの段階までの利益を対象とするかによって4つの指標がある（**図1**）。

売上げから、売上原価（生産に伴って発生した費用）を引いたものを売上総利益という。その売上総利益から、販売費および一般管理費（営業販売部門の費用と、本社など管理部門の費用）を差し引いたものが営業利益である。

営業利益は本業の儲けを示しているが、この金額だけでは収益性が、たとえば同業他社と比べてよいのか、自社の前年度より良くなったのか判断できない。そこで、売上高における営業利益の比率（売上高営業利益率）を算出することにより同業他社と比較、判断することが可能になる（**図2**）。

売上高営業利益率を改善するには

売上高営業利益率が年々悪化しているとしよう。製造部門の私たちとしてはどのようなアクションを取ることができるだろうか。

売上高から売上原価と販売費および一般管理費を除いたものが営業利益であるから、それぞれの増減が営業利益に影響を及ぼす。製造部門として売上げに直接関与することは難しい。また、販売費および一般管理費も営業部門や本社管理部門の費用であるので同様に関与しにくい。

一方、売上原価は製造に関する費用であり、その削減は製造部門として取り組むべき課題である。

売上原価を削減する

売上原価は、商品仕入原価・材料費、労務費、

および製造経費で構成されている。製造経費には外注費、減価償却費、光熱・水道費、その他の製造経費が含まれる。中小企業庁調査によると、中小製造業平均での売上高に対する割合は、商品仕入れ原価・材料費が42.5％、労務費12.8％、製造経費23.6％である（**図3**）。そこで、これらを以下のような方法で削減することが望まれる。

1. 商品仕入原価・材料費の削減

(1)材料単価の引き下げ

VA/VEによる代替材料や代替部品の使用、設計仕様の変更、部品の標準化などの検討（詳細はp.122を参照）。集中購買や共同購買など有利な購買方法を探索。

(2)使用量の削減

材料取りの工夫により歩留り率を改善、工程管理や作業管理の徹底により不良発生を削減。

2. 労務費の削減

(1)人員配置の工夫

職場や工程ごとの繁閑に合わせた再配置により、時間外労働などの発生を抑制。

(2)作業方法や工程の改善

IE手法で工程や作業のムダ取り、改善を進めて所要時間を短縮、改善内容の標準化も推進。

3. 製造経費の削減

(1)外注費

社内生産の効率化による内製化促進や外注先の品質、価格、納期実績の把握評価による内外製区分の基準、外注先の選定・発注方式見直し。

(2)その他

節水、節電の徹底による水道光熱費削減。死蔵品在庫、滞留品在庫収容のための営業倉庫借用など削減可能な賃借料の見直し。

図1　売上高利益率の種類

損益計算書の構成

損益計算書の構成	計算式	名称	説明
①売上高 ー売上原価 ②売上総利益（粗利益）	②/①×100%	売上高総利益率	売上総利益（粗利益）は売上高から売上原価を引いた総利益で、売上高総利益率は製品の収益力を示す
ー販売費および一般管理費 ③営業利益	③/①×100%	売上高営業利益率	営業利益は生産・販売および管理活動による利益＝本業の利益で、売上高営業利益率は本業の収益力を示す
＋営業外収益 ー営業外費用 ④経常利益	④/①×100%	売上高経常利益率	経常利益は本業の利益に財務活動による利益を加えたもので、売上高経常利益率は企業の経常的な収益性＝企業の実力を示す
＋特別利益 ー特別損失 ⑤税引前当期純利益 ー法人税など ⑥当期純利益	⑥/①×100%	売上高当期純利益率	当期純利益は、経常利益から、特別損益（固定資産売却損益など一時的に発生した損益）、税金を加減した最終利益で、売上高当期純利益率は、当期純利益の売上げに対する割合を示す

図2　売上高営業利益率による比較

		企業間比較例			C社企業内年度間比較例		
		A社	B社	（億円）	昨年度	今年度	（億円）
①	売上高	150	200	←売上高はB社が大きい	20	26	←売上高は今年度30%伸長した
②	ー売上原価	105	160		14	19.5	
	（売上原価率）②/①×100（%）	70%	80%		70%	75%	
③	売上総利益（①ー②）	45	40	←売上高総利益はA社が大きい	6	6.5	←売上高総利益は今年度増えている
	（売上高総利益率）③/①×100（%）	30%	20%	←売上高総利益率はA社が大きい	30%	25%	←売上高総利益率は今年度低下した
④	ー販売費および一般管理費	30	30		4	5.2	
	（売上高対販売費および一般管理費比率） ④/①×100（%）	20%	15%		20%	20%	
⑤	営業利益（③ー④）	15	10	←営業利益はA社が大きい	2	1.3	←営業利益は今年度が小さい
	（売上高営業利益率）⑤/①×100（%）	10%	5%	←売上高利益率はA社が大きい	10%	5%	←売上高営業利益率は今年度低下した
				（本業の収益力はA社が大きい）			（本業の収益力は今年度低下した）
		売上高はB社が大きいが、売上原価率が高いため売上高総利益率でA社を下回り、売上高販売費および一般管理費比率でA社を下回ったが、営業利益率でもA社を下回った（B社は製造部門の売上原価の改善が必要）			売上高は30%伸長したが、売上原価率の上昇により売上総利益率が低下、売上高販売費および一般管理費比率は前年並みに押さえたが、売上高営業利益率は半減した（C社は製造部門の売上原価の改善が必要）		

図3　中小製造業の営業費用（売上原価＋販売費および一般管理費）と利益

令和2年調査 （令和元年度決算実績）	製造業 法人企業平均 （単位：百万円）	売上高構成比			
		売上高に対する比率	比率名	計算式	
①売上高	499.4	100.0%			
②売上原価	394.4	79.0%	売上高原価率	②/①×100	
③商品仕入原価・材料費	212.3	42.5%	売上高材料費率	③/①×100	
④労務費	64.0	12.8%	売上高対労務比率	④/①×100	
⑤製造経費	118.1	23.6%	―		
（経費のうち外注費）	40.2	8.0%	―		
⑥売上総利益	105.0	21.0%	売上高総利益率	⑥/①×100	
⑦販売費および一般管理費	88.1	17.6%	売上高対販売費および一般管理費比率	⑦/①×100	
⑧営業利益	16.9	3.4%	売上高営業利益率	⑧/①×100	

【売上原価の削減策】

1. (1) 単価の引き下げ
   (2) 使用量の削減
2. (1) 人員配置の工夫
   (2) 作業方法や工程の改善
3. (1) 水道光熱費削減、賃借料見直し
4. (1) 内製化促進
   (2) 外注先評価と内外製区分、外注先の選定・発注方式見直し

注1：中小企業庁 令和2年中小企業実態基本調査（令和元年度決算実績）確報より筆者作成
注2：母集団企業数250,527社、平均従業者数24.2人
注3：集計方法など詳細は中小企業庁 中小企業実態基本調査ホームページを参照
https://www.chusho.meti.go.jp/koukai/chousa/kihon/index.htm

原価❶
超過勤務時間

◆ムダな超過勤務時間は労務費を押し上げる
◆生産計画、生産管理面と作業管理面から改善に取り組む

超過勤務時間とは

1. 就業時間と超過勤務時間

就業時間は、就業規則で定められた始業時間から終業時間までを指し、超過勤務時間は就業時間を超えて、残業や早出、休日出勤などにより働いた時間のことで割増賃金が発生する。

2. 超過勤務時間が発生する要因

超過勤務が生じる要因には以下の2つがある。1つは、負荷のバラツキへの対応であり、繁忙時に就業時間だけでは不足する生産能力を補充するためである（図1）。もう1つは、就業時間内での生産完了を計画していたにもかかわらず何らかの理由で完了しないので残業した、というように想定外に生じる場合である。

超過勤務時間の原価への影響

想定外の超過勤務が発生した場合で考えてみよう。通常、標準賃金1時間1,300円の従業員1名、標準時間7時間で完成する10万円の製品を従業員欠勤の影響により休日出勤し標準時間通り7時間で生産したとする。この場合、平日勤務での標準労務費は1,300円×7時間で9,100円である。

一方休日出勤の場合、手当により賃金が上がり実際賃金が1.35倍で1時間1,755円となったとすると、実際労務費は12,285円となり、売上高対労務費率は9.1％から約12.3％に増加する（図2）。

超過勤務時間の発生原因

超過勤務時間が生じる要因として、生産計画で予定された能力に対する不足（負荷オーバー）、進捗の遅れ、生産計画変更への対応がある（図3）。

能力不足には、生産計画に無理がある場合と欠勤など作業管理に問題がある場合が考えられる。進捗の遅れには、生産計画（手順計画、日程計画）の不備、出図や外注品、支給品などの遅れといった作業準備や資材管理の問題、手直しなどの作業のムダ、設備故障による手待ちなどの問題がある。

生産計画の変更については、以上のような進捗の遅れへの対応や、短納期品（特急品）への対応、先行手配を確定する際に生じる変更などがある。

超過勤務時間発生を防ぐ対策

生産計画、生産管理面と作業管理面から考える。

1. 生産計画、生産管理面

(1)生産量（負荷）の平準化

就業時間内の生産能力を超える日と不足する日とで負荷を調整し、平準化する（図4）。

(2)計画の精度アップ

基準日程や適切な標準時間設定により、ムダ・ムラ・ムリのない計画にする。

(3)進捗管理の徹底

関係部署と連絡を密にして、工程の進捗フォローを徹底し納期を守る。

(4)生産計画の対応力向上

リードタイム短縮を進め、先行手配、特急品の発生を抑える。特急品の発生に備え余力を持つ。

2. 作業管理面

(1)作業改善

IEやQC手法を活用し作業のムダをなくす。

(2)日常管理の徹底

多能工化などで繁忙や欠勤への対応に備える。

(3)教育の徹底

作業標準の教育を徹底して遵守させる。

図1　負荷のバラツキと超過勤務時間

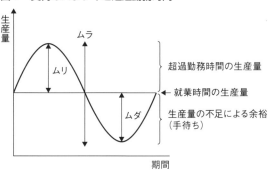

顧客の注文量は変動しており、それに合わせて生産すると、多い時には超過勤務時間が発生する一方、少ない時には余裕が発生する

図2　超過勤務時間と労務費

超過勤務を行うことで、予定外の労務費が発生する（例：休日出勤7時間の場合）

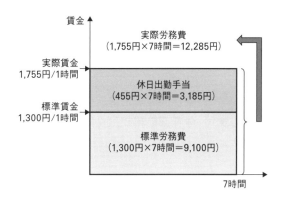

図3　超過勤務時間の発生要因と対策（まとめ）

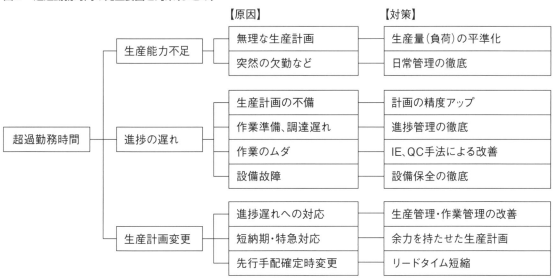

図4　生産量の平準化（山積み山崩し）

　生産計画を立てる際に、期間別に負荷を積み重ねて山積み表を作成し、その中で負荷が生産能力を超過する部分を、能力に余裕のある調整可能な期間に山崩しを行うことにより平準化する。下図では山積みした結果、超過時間を含めた生産能力を超える5月上旬について、余裕のある4月下旬（b）と5月中旬（a）に山崩しを行っている

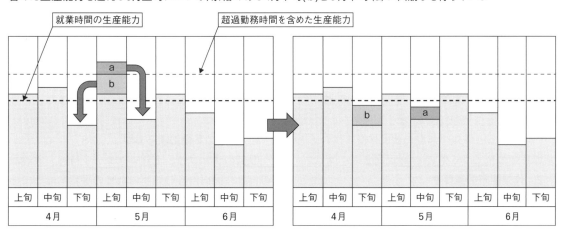

原価❷
作業能率

POINT
◆作業能率とは、作業に実際に要した時間に対する標準の作業時間の割合
◆作業能率が良くないと、その分労務費が増え原価を押し上げる

作業能率とは

作業能率は作業能力を発揮している割合（率）である。作業能力は一定時間に処理できる作業量のことで、作業能率は標準の作業能力に対する実際に発揮した作業能力の割合である。

作業能率＝実際の作業能力／標準作業能力

一方、標準時間は単位当たりの作業に要する時間で作業能力の逆数であるから、作業能率を以下の式で表すことができる（図１）。

作業能率＝標準時間／実際作業時間

標準時間は、作業標準に決められた作業方法で、その作業に熟練した作業者が平常の速さで作業する時に必要な時間を基に定める。標準時間はいわば、あるべき作業時間である。また、ある生産高に必要な標準時間を標準出来高時間という。

作業能率の重要性

1. 標準労務費と実際労務費の差

標準労務費は以下の式で設定され、予算を立てたり実績を分析したりする際の基準として、原価をはじめ、さまざまなところで活用される。

標準労務費＝標準賃金／時間×標準時間

実際に発生した労務費は、同一作業者であれば

実際労務費＝標準賃金／時間×実際作業時間
＋割増賃金／時間×超過勤務時間

の式で求めることができる。

標準労務費と実際労務費の差は作業時間の差と割増賃金の差により生じている（図２）。

2. 作業能率の重要性

作業能率が１より小さい場合、実際作業時間が標準時間をオーバーしており、作業時間の差分の労務費が予定外に発生している。もし、この作業時間に超過勤務時間を充てると割増賃金が加わる。

たとえば、標準賃金1,000円／時間の作業者が、10個当たりの標準時間が１時間の製品を40個つくる場合、標準では40個／10個で４時間を要する。それを１日６時間かかって製造した場合、作業能率は4/6時間で66.7％である。

標準出来高時間は４時間で標準労務費は4,000円だが、実際作業時間は６時間で２時間多くかかっている。６時間が就業時間内であれば、実際労務費は1,000円×６時間で6,000円である。

多くかかった２時間を超過勤務として残業した場合、割増賃金として1,000円／時間×25％の250円が２時間分加算され、超過勤務部分を含む実際労務費は6,000円＋500円＝6,500円になる。6,500円－4,000円＝2,500円がムダに発生し、１個当たり62.5円原価を押し上げることになる（図３）。

作業能率を指標として改善することにより、労務費を削減し原価を改善することができる。

作業能率改善のポイント

改善のポイントは以下の通りである。

1. 作業のムダ

ムダには作業者の動作のムダ、運搬のムダ、不良をつくるムダ、加工のムダがある。IE手法による指導や作業標準の教育を行うことにより、習熟度を上げる。

2. 管理の不備によるムダ

設備のチョコ停、工具やクレーン待ち、調達品の遅れや図面内容の確認のための手待ちなどである。事前に整備や調整、確認を行うことにより発生回数を抑える。

図1 作業能率とは

図2 実際労務費と標準労務費の差

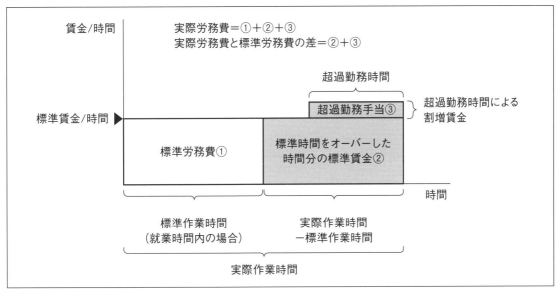

図3 実際労務費の事例

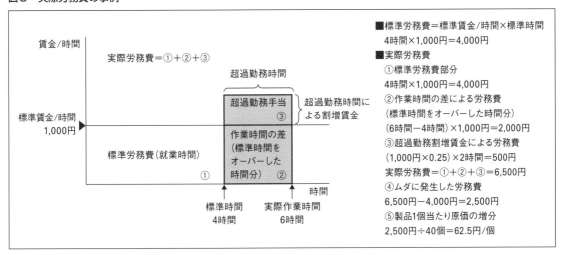

4-3 納期❶ 納期遅延件数

POINT
◆納期遅延は顧客の信頼をなくし、取引全体に影響する
◆生産計画時の調整と進捗状況の見える化、進捗管理がポイント

納期遅延とは

納期遅延とは、顧客から注文を受けた納期に対し遅れて納入することをいう。納期の遅延は顧客に迷惑をかけるだけでなく、繰り返すことによって顧客の信頼を失ってしまうことにもなる。

一方、発注後の納期前倒しなど顧客に起因する遅延要因も少なくないが、このような要請にも遅延させることなく柔軟に応えることができれば、顧客からの信頼を高めることになる。

納期遅延件数は、顧客起因のものも含めて一定期間、たとえば1カ月の間に納入した中で遅れて納入した件数をいう。納期遅延率や納期遵守率を指標とする場合もある(**図1**)。納期遅延は、各工程での不備や遅れが積み重なって生じる。したがって、材料の調達から出荷配送に至るまでの全社にわたって取り組む必要がある。

納期遅延対策

1. 生産計画での対策

(1)生産計画の精度を上げる

急ぐあまり、調整が不十分な生産計画を実行するとムリが生じ納期遅れにつながり、現場従業員の計画への信頼や納期を守る意識の低下を招く。

適正な手順計画になっているか、各工程の納期設定は適切か、設備の日程干渉はないか、人員に無理はないかといった点に配慮するとともに、短納期の場合は、あらかじめ関係先と治工具や金型、図面や支給品、外注品の納期の調整を行いめどを付けておく。また、特急品対応用にあらかじめ生産計画に余裕を持たせたり機動班を設けることで、混乱を防ぐ工夫をしている企業もある(**図2**)。

(2)需要の変動への対応

変動する顧客の需要に対応した計画を立てる。一定期間の生産能力が超えるようであれば、前後期間との平準化や残業、パート増員などによる生産能力の確保など早めに対策を講じる。

2. 生産統制での対策

(1)作業管理の徹底

作業割当てや準備の指示、進捗確認が適切でないと遅れの要因になる。作業者の不慣れ、体調不良や欠勤、不良発生は作業時間の超過を招く。早い段階での問題の発見と処置が重要である。

(2)調達品などの納期管理

顧客からの支給品、調達品、外注品の入手遅れが生産を混乱させる。カムアップシステムにより早めに納期確認し異常があれば対策をとる(**図3**)。

(3)設備故障への対策

予防保全が第一である。日常の点検、清掃、計画的なメンテナンスを行うとともに、万一の場合に早期復旧できる体制づくりを行う。

納期遅延改善のポイント

1. 現場主導で小日程計画を運用する

小日程計画は、対象とする2〜3日間をどのように調整して納期遵守を実現するかがポイントになる。現場管理者が作業者や設備の状況を踏まえて計画し、指示・統制することによってその実行を確実にすることができる。

2. 納期達成への意識高揚

納期達成件数の状況、自工程の納期遅れが及ぼす全体への影響や損害(チャーター便の件数、費用など)を、掲示板などを活用して見える化することにより作業者1人ひとりの意識を高める。

図1　納期遵守率（納期遅れ件数）表の例

		4月	5月	6月		上期累計
A係	納期遵守率 納期遅れ件数 全製番数	97.6% 2 85	97.4% 2 78	95.6% 4 91		96.3% 18 483
B係	納期遵守率 納期遅れ件数 全製番数	92.6% 5 68	93.8% 4 64	91.7% 6 72		93.4% 29 437
C係	納期遵守率 納期遅れ件数 全製番数	95.8% 3 72	97.1% 2 68	93.8% 5 81		96.1% 17 441
製造Z課計	納期遵守率 納期遅れ件数 全製番数	95.6% 10 225	96.2% 8 210	93.9% 15 244		95.3% 64 1361

図2　機動班

特急品対応はラインがパニックに！

特急品なら任せなさい

特急品

ラインへ無理に流すと混乱の原因になる特急品や、ラインでは対応が難しい修理・メンテナンスの注文に専門に対応する部隊

機動班

図3　カムアップシステム

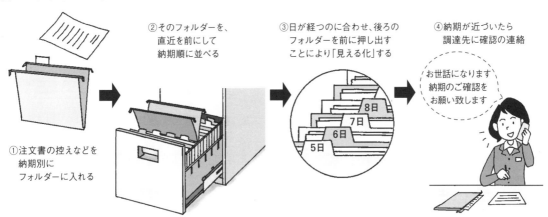

②そのフォルダーを、直近を前にして納期順に並べる

③日が経つのに合わせ、後ろのフォルダーを前に押し出すことにより「見える化」する

④納期が近づいたら調達先に確認の連絡

お世話になります納期のご確認をお願い致します

①注文書の控えなどを納期別にフォルダーに入れる

8日
7日
6日
5日

納期❷ 製造リードタイム

POINT
◆製造リードタイムの短縮が在庫削減・納期遵守に直結
◆停滞・運搬削減で徹底的に製造リードタイムを短縮

製造リードタイム(L/T) とは

リードタイム(L/T)は製品開発から納品までに必要な時間のことで、開発L/T、調達L/T、製造L/T、出荷・配送L/Tで構成される。製造L/Tは、材料を準備してから製造工程を経て製品になるまでの期間をいう。

製造L/Tが短かければ、納期対応力が向上することで顧客の評価が高まり、受注のチャンスを増やすことができる。L/T短縮は、材料調達などに投資した資金回収の早期化や仕掛在庫削減で経営的にもメリットが大きい。

製造リードタイム短縮の重要性と課題

顧客の短納期要望には、従来は製品在庫や部品在庫を持つことで対応してきたが、顧客ニーズの変化が速くなり、それらが売れずに不良在庫になるというリスクも大きくなっている。

製造L/Tを短縮することによってそのような在庫が不要になるし、同じ時間でより多くの製品を製造することができる。顧客の要求にも迅速に対応できるようになる。

製造L/Tを短縮するためには、構成する時間を加工時間、検査時間、運搬時間、停滞時間の4つに分類して把握するとよい。多くの場合、停滞が製造L/Tの大半を占めている。停滞と不要な運搬を少なくすることが最大の課題である。

製造リードタイム短縮のポイント

それぞれの工程にかかる時間を短くするだけではなく、不要な工程や工程間の運搬・停滞を減らしたりなくしたりすることで製造L/Tを短縮でき

る。そのポイントは以下の通り。

1. 停滞に着目する

仕掛品が停滞している理由を押さえ対策する。

(1)手待ち

材料や部品、外注品、治具などの入荷遅れは、カムアップシステムを使って事前に確認調整する(p.106参照)。設備の故障については、日常点検を確実に行うとともに計画的メンテナンスなどの予防保全を行う。

(2)小ロット化

ロットで流す場合は、ロット単位で加工待ちすることになる。L/T短縮のためにも、極力小ロット化を検討する(図1)。

(3)段取り替え

段取り替え(型替え)時間の短縮がL/T短縮の最大テーマである。これには、段取り改善の確実な手順を参考に取り組むことが望まれる(図2)。

(4)ネック工程

生産能力が劣る工程(ネック工程)の前で仕掛品が滞留する。ラインバランス改善により、ネック工程の解消を図る。

2. 運搬に着目する

現場作業の40%が運搬だといわれる会社もある。そこで、工程を近づけて運搬距離を短くしたり、運搬の専門工化・自働化をしたりすることなどを検討する。

3. 検査に着目する

各工程がQC工程表や異常時処置の見直しなどにより製品品質を向上させ、手直し、つくり直しをなくす。

4. 整理・整頓

探すムダをなくし、異常を検知しやすくする。

図1　小ロット化によるリードタイム短縮

> 　AとBの2工程で、各々1日50個の生産能力である時、400個を200個×2ロットに分けて生産した場合と、50個×8ロットにした場合を比べると、200個ロットの場合は12日間要するのに対し、50個×8ロットの場合は9日間で完了する

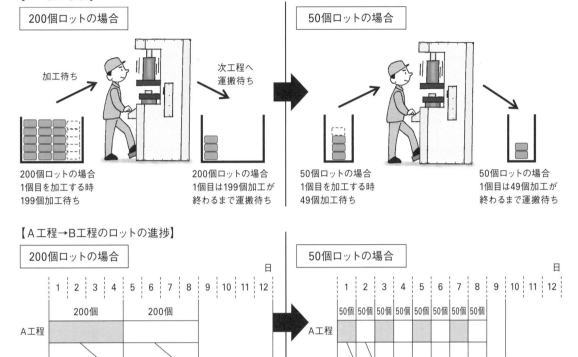

【A工程の状況】

200個ロットの場合／50個ロットの場合

200個ロットの場合　1個目を加工する時　199個加工待ち
200個ロットの場合　1個目は199個加工が終わるまで運搬待ち
50個ロットの場合　1個目を加工する時　49個加工待ち
50個ロットの場合　1個目は49個加工が終わるまで運搬待ち

【A工程→B工程のロットの進捗】

図2　段取り改善

> 　段取りとは、品種や工程内容が変わる際に生じる金型の交換といった作業のこと。リードタイム短縮のために小ロット生産しようとすると、段取り回数が増加する。段取り時間短縮の取組みは必須である

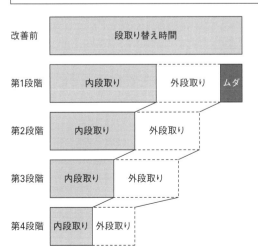

改善前：段取り替え時間
第1段階：内段取り／外段取り／ムダ
第2段階：内段取り／外段取り
第3段階：内段取り／外段取り
第4段階：内段取り／外段取り

【段取り替え時間】現在の加工が終わった時点から、次の加工で最初に良品が出るまでの時間

【内段取り】設備を止めて行わないといけない段取り替え作業
【外段取り】設備を止めなくてもできる段取り替え作業

■第1段階：現状を把握し、内段取り作業、外段取り作業、ムダに分けてムダ取りを行う

■第2段階：内段取りの外段取り化と外段取りの短縮
　　　　　　型、作業工具などの準備、後片付けなどの外段取り化など

■第3段階：内段取りの改善、外段取りの短縮
　　　　　　取り付けの簡易化、並行作業の実施、標準化と教育など

■第4段階：さらに繰り返し内段取り、外段取りの改善
　　　　　　取り付けのワンタッチ化、試し打ち、調整時間の排除、準備・完了品置き場の工夫、整備作業の標準化など

4-4 品質❶ 不良率・歩留り

POINT
◆不良率や歩留りは品質問題によるムダなコスト発生の指標
◆不良品は受け取らない、つくらない、後工程に流さない

不良率・歩留り

不良品の発生は、社内工数やロスの増加のみならず顧客不満足の最大の要因である。社内検査の結果で生産品は以下のように区分される。

(1)**不良品**：製造品質を満たさず不合格となり、廃棄されるモノ。不良率は生産品における不良品の割合。

(2)**手直し品**：一旦不合格となったが手直しされて合格品となるモノ。

(3)**良品**：検査基準を満たし合格となったモノ。生産品における、ラインオフすることなしに工程を流れた割合を直行率という（**図1**）。

歩留りとは、投入した原材料に対する製品の出来高をいい、その割合を歩留り率という。

不良率・歩留りの重要性

不良や手直しが多いほど、社内最終検査での見落としなどで社外クレームといった重大品質問題の発生リスクが高まり、発生時の対策費用も膨大になる。不良率を下げ、歩留りを上げる努力が重要である。

不良率・歩留り率はコストに直結する。4つの加工工程と最終検査で完成する製品を考えてみる。それぞれの工程の不良率が2％で、手直しできずすべて廃棄した場合、各々の工程の歩留り率は98％だが、最終的に歩留り率は約90.4％となる。約9.6％が不良品として廃棄される。なお、後の工程ほど、加工が進んでいるため廃棄金額としては大きくなる（**図2**）。

また、手直しできたとしても、不良率と廃棄金額は減るが、一方で手直し費用が発生する（**図3**）。

不良率や歩留りは、品質問題によるムダなコスト発生の指標として見ることができる。

不良発生の原因をつぶす

1. 作業環境を整備する

2Sの徹底で異品混入などのポカミスを防ぐ。

2. QC工程表の整備

早めに不良を発見できれば、ムダな費用の発生を抑えることができる。そのためにQC工程表の見直しによって工程内の検査方法や検査環境などを改善し、限度見本や検査工具を整備して教育を行って検査精度を高める。

3. 工程ごとに不良、手直し内容を記録する

検査精度を上げるだけでは不良の原因はつぶせない。同様に、手直しするだけでも不良の原因はつぶせない。不良品、手直し品とも不良や手直しの内容を5W1Hで記録することにより、発生原因を明確にして不良の再発防止対策を講じることができる。

不良が発生しない工程にするには

後工程になるほど加工費が加わり、不良により発生する手直しや廃棄のムダな費用は大きくなる。社内工程での不良品対策で重要なことは、以下を徹底することである。

①前工程からワークが送られてきたら、図面などと照合し不良品は受け取らない（突き返す）

②自工程では作業標準書や手順書に基づき作業を確実に行う（不良品を絶対につくらない）

③自工程の作業が終わったら、作業者が作業標準書に基づき工程内自主検査を確実に行う（不良品を後工程に流さない）

図1　不良率・歩留り

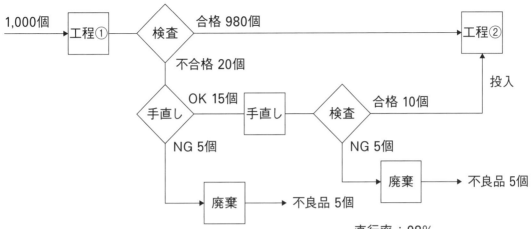

直行率：98%
不良率：（5＋5）/1,000＝1%
歩留り率：（980＋10）/1,000＝99%

図2　コストへの影響①

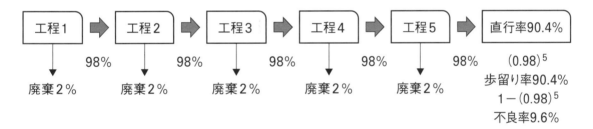

　4つの加工工程と最終検査により完成する場合で、各工程不良率2％で、手直しできない場合、5工程全体では直行率約90.4%、歩留り率約90.4%、不良率約9.6%となる
　各工程で、廃棄2％分についての生産コスト（後工程ほど加工が進み、1個当たりの廃棄金額は大きくなる）がムダになる

図3　コストへの影響②

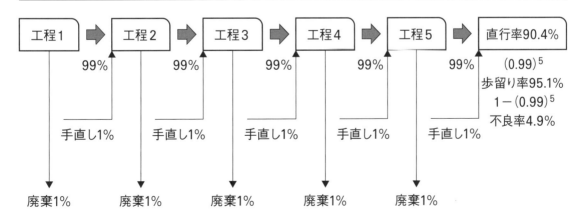

　図2と同じ条件で、不良率1％分を手直し後、再検査で全数合格して再投入した場合、直行率は約90.4%で図2と変わらないが、歩留り率は約95.1%に、不良率は約4.9%に改善する
　各工程での廃棄は1％になるが、一方で各工程の手直し1％について手直し費用が発生する

品質❷
廃棄率

POINT
◆廃棄率を工程など発生場所別で把握し、不良の発生源を改善
◆廃棄率の増減を見て、不良発生の状況の変化を把握する

廃棄率の低減の着眼点

　廃棄率とは、原材料を使用する場合に発生するムダのうち、生産に再投入されずにスクラップや産業廃棄物として処分されるモノの、原材料の投入量に対する比率のことである。

廃棄率(%)＝廃棄量／投入量×100

　廃棄物は大きく分けて以下の4つがある(**図1**)。
①不良品：規格外れで廃棄されるモノ
②立ち上げ時の試作ロス：プレスや射出成形の試し打ち、鋳物や押し出し成形などで、生産を開始してから良品ができるまでのモノ
③加工くず：切削加工などで発生する切り粉など
④端材：材料取りやプレス抜き加工の端材など
　これらは、すべて製品の売上げに貢献しない、材料のムダである。鉄くずなど有価物として売却できるモノは、わずかでも売却代が入るが、産業廃棄物として処分するモノは、ムダにした上にさらに廃棄コストが発生する。

品質の変化を捉える指標

　これらの廃棄物は廃棄する際に、たとえば発生工程や設備ごとに内容や発生量を把握することはできる。その変化を把握することで、品質に関する情報を得られる(**図2**)。不良の発生個所や内容別に発生度合いを見ることで、たとえば、どの製品のどの部品のどの加工がしにくくて品質が安定しないのかといったことを知ることができる。
　また、立ち上げ時の試作ロスを見れば、品質を安定させるためのポイントやコツをどの程度押さえて試作しているかがわかる。

　加工くずや端材が従来の発生量に比べて増えているようだと、所定の寸法や表面粗さに仕上げるためのつくり直し、必要以上の仕上げ加工や手直しといった本来不要な加工をしている可能性がある。さらに、このような情報を作業記録などと照合すれば、製品、作業者、設備、材料、作業方法別の傾向などの有用な情報をつかむことができる。

改善のポイント

　入手した情報を基に、発生原因を追究し対策を実施するとともに関係部署に提言する。

1. 不良品

　決められた作業方法を徹底し、作業標準の教育を行って遵守させる。その結果、所定の製造品質が得られないなど、作業標準に問題がある場合は見直しを行う。また非常に厳しい精度など、製造能力と比べて設計品質が高すぎる場合は、必要に応じて能力に合った設計への見直しも要請する。

2. 立ち上げ時の試作ロス

　プレス、射出成形での試し打ち、押し出し成形や鋳造の初期に発生しやすい。材料特性への配慮や温度などの条件設定が不十分だと多く発生する。始業前に暖機運転をしておく、鋳型を適正温度にしておくといったポイントや、ベテランが持つ技能を標準化するといった改善策を検討する。

3. 加工くず、端材

　設備の設定がどうであったか、どのような手直しやつくり直しをしているのかなどを把握して、必要に応じ作業標準の見直しや教育を行う。

4. 生産技術部門、技術部門への提言

　製造方法や設計に起因する不良やムダも少なくない。現場から改善案を積極的に提言する(**図3**)。

図1　4つの廃棄物

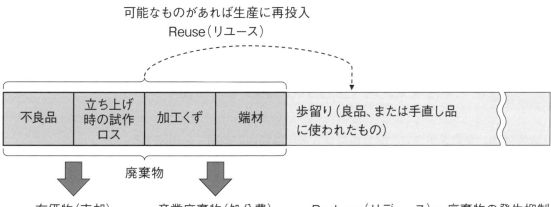

図2　廃棄物を見ると不良の発生状況がわかる

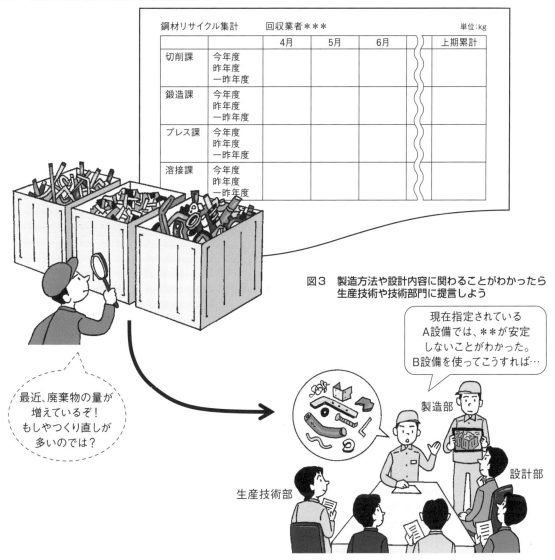

購買・外注❶
購買と外注品の購入の遅れ

POINT
◆調達品や外注品の資材受入遅延は顧客の納期にも影響する
◆発注時の確認の徹底と発注後のこまめな納期管理が大切

購買と外注品の納期遅延とは

1. 資材受入遅延の影響

発注した調達品や外注品が生産に必要な時に用意できていなければ、予定した生産ができず遅れが生じてしまう恐れがある。生産を混乱させるだけでなく、予定した売上げが計上できない可能性もある。納期遅れ回避のために生産計画の組み替えなど社内調整が必要になるし、挽回策として特別な配送をするとその費用も発生する。さらに、顧客に迷惑をかけると、調整するコストに留まらず、信用をなくし取引に影響することにもなる。

2. 納期遅延件数

一定の期間に納入された全件数の中で、指定納期より遅れて納入されたものを納期遅延（納期遅れ）件数として把握しておく（**図1**）。

調達外注部門の全体の動向や発注件数の多い主要サプライヤーの傾向について、月ごとに

納期達成率＝納期達成件数／全納入件数

として動向を把握して改善に活用するとよい。

納期遅延の要因

1. 自社（顧客の要請含む）に問題がある場合

（1）短納期での受注

短納期を承知のうえの受注や社内関係部署の納期軽視、自社や調達先の生産能力に対する知識不足、手配忘れや間違いなどにより発生する。

（2）自社の出図、仕様決定の遅れ、差替え・変更

顧客からの変更要請や技術部門の繁忙などにより発生する。

（3）調達先への発注内容の不備

図面や仕様書の誤りによるつくり直しや内容確認のための問合せ、回答待ち、回答遅れなどにより発生する。

（4）調達先への支給品、貸与品の遅れ

仕様決定の遅れ、手配や発送漏れ、入手の遅れなどにより発生する。

2. 調達先に問題がある場合

（1）注文対応能力不足による遅れ

仕様や要求品質への対応能力不足、量や納期面での対応能力不足、一時的な集中による負荷オーバーなどにより発生する。

（2）調達先の管理能力不足による遅れ

生産管理、工程管理、作業管理などの不足によって工程進捗が遅れ、発生する。

これらは自社の調達先管理能力の不足でもある。

納期遅延対策のポイント

必要に応じ調達先にも出向いて未然に防止する。

（1）日頃から発注に備える

調達先の社内体制、生産能力、負荷状況や納期対応状況などの情報収集を行う（**図2**）。社内関係先へも調達先の状況を積極的に情報提供して、理解を得ておく。

（2）資材など発注時の確認、調整の徹底

発注内容に応じた発注先を選定し、適正な納期を発注先と調整し合意のうえ設定する。

（3）発注後の進捗管理、納期管理を行う

重点的にフォローする対象を決め管理する。注文書、図面や支給品は遅らせることなく提供する。

（4）教育・指導や刺激策を実施する

品質や生産管理など体制整備への指導や支援、窓口担当者教育、表彰制度の実施、遅延件数の通知や公表を行う（**図3**、**図4**）。

図1　納期達成率表の例

		4月	5月	6月		年度累計	順位
K社	納期達成率	100.0%	100.0%	100.0%		100.0%	1
	納期遅れ件数	0	0	0		0	
	全製番数	25	28	26		304	
L社	納期達成率	93.3%	89.7%	87.9%		87.3%	12
	納期遅れ件数	2	3	4		29	
	全製番数	30	29	33		229	
M社	納期達成率	100.0%	100.0%	96.0%		98.7%	2
	納期遅れ件数	0	0	1		3	
	全製番数	18	16	25		228	
調達部計	納期達成率	96.2%	95.3%	97.8%		95.0%	
	納期遅れ件数	8	10	5		127	
	全製番数	208	213	229		2,518	

図2　調達・外注先（協力工場）の情報収集

＊＊製番の今の進捗状況は？全体の負荷の状況は？

工場長

調達担当者Aさん

図3　調達先・外注先（協力工場）の指導の実施

調達担当者Bさん

なるほど大至急改善させましょう

先日のチェック結果ですがここに問題がありますね

工場長

協力企業　チェックリスト

設備	プレス ＊＊＊＊	能力		台数		
品質	不良件数	5	4	3	2	1
	不良の内容	5	4	3	2	1
	技術レベル	5	4	3	2	1
	管理体制	5	4	3	2	1
納期	納期達成状況	5	4	3	2	1
	協力度	5	4	3	2	1
	納期管理体制	5	4	3	2	1

図4　表彰制度の運用

［例］
協力会社年度方針説明会席上などで優秀企業を表彰

協力会社評価表　＊＊＊＊＊＊＊＊＊＊株式会社　　　総合評価　5

	項目	評点	コメント
納期	納期達成状況	⑤	納期より遅れることはなかった。納期達成率100%
		4	納期達成率95%以上、達成努力を大いに評価できる
		3	納期達成率90%以上、達成努力を評価できる
		2	納期達成率80%以上、達成努力は評価に至らない
		1	納期達成率80%未満
	協力度	⑤	短納期に対して積極的に調整し、納期調整率100%
		4	納期調整率90%以上、短納期への協力姿勢は大いに評価できる
		3	協力的だが調整できないケースが時々ある。納期調整率80%以上
		2	納期調整率65%以上、短納期への積極的な姿勢が不足している
		1	負荷オーバーなど理由を挙げて協力しないケースが多い
	納期管理体制	⑤	納期確認に対してレスポンス良く、信頼度100%
		4	重要案件として指定したものについては信頼度100%
		3	管理担当者がいるが、重要案件でも信頼度80%
		2	管理担当者が一定せず、回答も遅く精度低い
		1	管理担当者がいない（または不明）、督促しても回答遅く精度低い

5-1 改善活動の基本

POINT
◆改善活動は改善ネタの発案・実施・継続が基本
◆活発な改善活動で社員を褒め、やる気を引き出すことが重要

改善活動の基本

1. 活発な継続的改善活動で企業体質を強化

企業をより良い体質に変えていくには、企業全体で改善活動に取り組むことが必要である。改善アイデアを多数出す中で良いアイデアが生まれるので、誰でもできる簡単な改善ネタを数多く出し、その改善ネタを実行するとよい。改善ネタからさらに改善活動を継続して、積み重ねていくことが重要である（**図1**）。

2. 社員の向上心を引き出す活動の推進

改善活動を進める時の心構えの基本は、「お客様への貢献、そして会社の利益向上」である。会社の利益を向上させるには、ムダに気づき、ムダを徹底的に削減する。また、まじめに改善に取り組む姿勢を褒められ、表彰されることで社員にとって「やる気・さらなる向上心」が生まれ、改善活動を活発化できる。

3. 改善活動の重要ポイント

改善活動の重要ポイントは、部署ごとに改善の目標（企業のあるべき姿）と改善手法を定めて、部署としての総合力向上を図ることである。

(1)改善の目標の例

生産性	1年後30％生産性向上
品質	1年後不良率0.5％以下
コスト削減	1年後コスト30％削減
納期	1年後製造リードタイム半減

(2)改善の手法

①IE手法（工程分析、稼働分析、動作研究、時間研究）——p.118参照
②ICT化（IoT・AI、無線通信・協働ロボットなど）の活用——p.120参照
③VA/VE手法（製品やサービスの付加価値最大化、利益活動）——p.122参照
④作業標準の継続的改善（楽に良い製品を早く安くつくる作業方法）——p.124参照
⑤目で見る管理（整理整頓・標準化・見える化）——p.126参照
⑥QC手法（QC7つ道具、新QC7つ道具）——p.68参照

改善活動の進め方

1. 改善活動を進める2つの思考方法

改善点を早期に発見するには、演繹思考法と帰納思考法の2つの思考方法を考慮するとよい。

演繹思考法を使ってあるべき姿を明確にして、工程分析や稼働分析で改善点を発見する。そしてさらに帰納思考法の動作研究、時間研究で改善点を発見する（**図2**）。

2. 改善活動のアプローチ

(1)問題点・改善点の発見

改善点の発見に当たっては、上から・下から・トレンドから見る必要がある。鳥の目・虫の目・魚の目に例えて、その応用例を**表1**に示す。

(2)現状分析

IE手法の工程分析、稼働分析の内容を見ていくと、工程全体の問題点や設備・人の稼働状態の改善点が見えてくる。

(3)改善重点の発見

改善項目を多面的に検討する。その中から部署の改善重点と改善目標を明確にする。

(4)具体的改善策の決定・実行

改善原則（目的追究・好適化・機械化・標準化など）にのっとり費用対効果を検討して進める。

図1 改善の PDCA サイクル

P：Plan	計 画	改善目標を決め、活動計画を設定
D：Do	実 行	計画通り実行
C：Check	比 較 確 認	実施効果の評価
A：Act	処 置	原因を取り除く
	標準化	改善策共有
P：Plan	計 画	さらなる改善策設定
D：Do	実 行	計画通り実施
C：Check	比 較 確 認	実施効果の評価
A：Act	処 置	原因を取り除く
	標準化	改善策共有

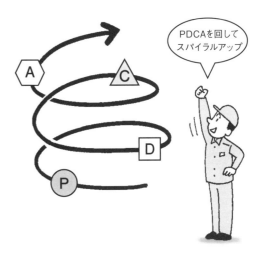

図2 改善アプローチでの演繹思考と帰納思考

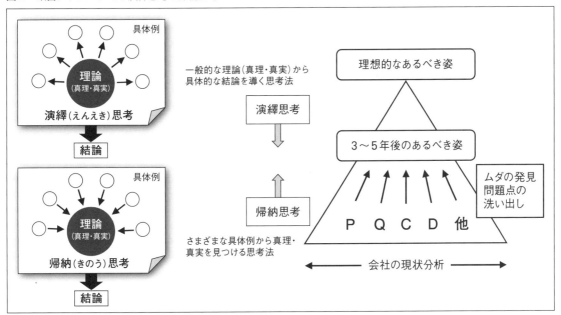

表1 問題点・改善点の発見には異なる視点（鳥の目・虫の目・魚の目）で見ることが必要

視点の種類	特 徴	応用例
鳥の目	物事の全体像を見て重点の問題点・改善点を見つける	工程分析、稼働分析 工程全体を見渡してネック工程を見つける
虫の目	通常より細かい視点で顕在・潜在する問題点・改善点を見つける	過去の資料の分析、動作研究、時間研究 PQCDSME（I）分析
魚の目	時代の変化を捉えて先を見る視点で問題点・改善点を見つける	ICT活用、トレンド（時代の変化）分析

IE 手法

◆IE 手法の工程分析・稼働分析は鳥の目で改善重点を発見
◆IE 手法の動作研究・時間研究は魚の目・虫の目で改善点を発見

IE 手法の分類と用途

IE（Industrial Engineering）手法には、主な手法として工程分析、稼働分析、動作研究、時間研究の4つがある。工程分析、稼働分析では、全体を鳥の目で見渡しながら改善重点を発見する。また、動作研究、時間研究では、詳細に魚の目・虫の目で見ることで顕在・潜在している改善点を発見する手法である。

1．工程分析による改善手法

工程分析には、製品工程分析と作業者工程分析があり、ここでは製品工程分析について述べる。製品工程分析は、製品別の工程の流れを加工順、時間、方法別にひと目でわかるようにすることで、加工のネック工程や工程途中の停滞など改善個所を発見する手法である（**図1**）。

(1)製品工程分析と改善ポイント

製品工程を加工・運搬・検査・停滞に分ける。

工程	改善ポイント
加工	ネック工程の徹底改善
運搬	運搬はすべてムダと見て改善
検査	自工程完結を目指し検査不要化
停滞	工程途中の停滞をなくし連続加工追究

(2)改善検討順序

検討は、付加価値の低い順（停滞→運搬→検査→加工）から重点的に実行する。

2．稼働分析による改善手法

稼働分析は、人や設備がどの作業要素にどれだけの割合で時間をかけているかを大まかに知ることで改善重点を見つける手法である（**図2**）。

観測が容易であるため、全体の問題把握と改善の糸口を把握するのに適している。

3．動作研究による改善手法

動作には、付加価値のある動作と付加価値のない動作があり、付加価値のない動作を発見し改善する。動作研究の分析技術は、目視によるサーブリック分析と動画撮影分析がある。

4．時間研究による改善手法

時間研究は、ビデオのトラッキングを利用して要素作業別の時間値を明確にし、その測定結果から非生産的な時間を除いて作業の有効性を高める方法である。時間研究の目的は、作業方法の改善・標準化および標準時間の設定である。

IE アプローチの基本

1．IE 活用の狙い

IE 活用の狙いは、ムダを減らしPQCDなどの7大任務の継続的改善による競争力向上である。

		狙いと効果
P		人・設備の生産性向上、利益率の向上
Q		品質向上、クレーム減、バラツキ減
C		材料費・人件費・物流費・管理費の低減
D		納期確保、リードタイム短縮、稼働率向上
S		事故発生減少、職場安全の向上
M		出勤率向上、改善提案増、生産性向上
E		作業環境改善、能率向上
I		情報伝達の正確性向上、客先評価の向上

IE アプローチ手法を**表1**に示す。

2．キーワードによる改善点発見

生産性向上を図るための改善点を発見するには、次のキーワードによって早く改善点を発見する。

①4 M（Man、Machine、Material、Method）

②3 ム（ムダ、ムラ、ムリ）

③現場7大任務（P、Q、C、D、S、M、EまたはI）

図1　製品工程分析（簡易フォーマット）例

工程の説明	数量(本)	距離(m)	時間(秒)	工程記号 加工	運搬	停滞	検査	備考
寸法検査	50	—	50	○	⇒	▽	◇	
網車で運搬（検査場へ）	50	10	20	○	⇒	▽	◇	
仕掛品置き場	50	—	250	○	⇒	▽	◇	
作業台まで運搬	50	5	8	○	⇒	▽	◇	
検査（マーキング）	50	—	50	○	⇒	▽	◇	
網車で運搬（倉庫へ）	25	20	20	○	⇒	▽	◇	
仕掛品置き場	25	30	500	○	⇒	▽	◇	

図2　稼働分析表例

作業者：伊藤リーダー他9名　　　　年　　月　　日

作業		作業内容	8:15	8:45	9:15	9:45	16:45	17:00	合計
主体	主作業	・穴あけ（操作中）			下		下		21
	付随作業	・材料取り付け・取り外し		下	下	下	一	一	40
		・測定（検査・記入）			下		一		10
		・図面確認		下					6
		・切粉掃除、バリ取り			一		一		11
付帯	準備付帯作業	・準備、段取り		下				一	10
		・ドリル型替え					一	一	5
		・片づけ、後始末					一	下	20
		・刃具のチェック					一		5
	余裕	・点検、保全						一	2
		・故障、修理			一	一	下	下	15
		・朝礼、昼礼	正正						10
		・作業指導							1
		・トイレ				下		一	8
その他		・不在		一		下			6
		合計（人）	10	10	10	10	10	10	170

表1　IEアプローチ手法

No.	項目	内容
1	問題発見	問題発見の切り口はあらゆる方向から （4M、3ム、現場7大任務、過去の実績、将来の目標）
2	現状分析	工程分析、稼働分析、動作研究、時間研究、運搬分析、流れ分析などがある
3	重点発見	改善の重点項目を発見し絞り込む
4	改善検討	改善のECRS［E（排除）：なくせないか、C（結合）：一緒にできないか、R（交換）：順番を変更できないか、S（単純化）：単純にできないか］から改善具体案を定める
5	改善案作成	レベル別に3案つくるとよい 第1案：すぐできる案、第2案：やや準備が必要な案、第3案：大がかりな準備がいる案
6	実施	人間関係の原則に基づいて実施（試行→説得→訓練→移行→修正）
7	標準設定	作業者や機械設備などの必要工数を決定し、作業手順、標準時間を設定する
8	追俀（ついけん）	改善個所は費用対効果を考え、優先順位づけし、重点を絞って改善する

IoT化・協働ロボットの活用

POINT
◆製造現場のIoT活用による生産性向上の取組み
◆協働ロボット導入は人手不足時代の救世主

製造業で取り組むIoT化

現在、製造現場は生産性向上、作業安全、変種変量生産への対応、労働人口の減少などに対して多様な対策が求められている。課題の生産性向上のためには、特にIoT化の対応が求められている。また、労働人口の減少に対応するためには協働ロボットの活用が求められている。

1. 製造現場のIoT化の取組み

生産性向上のための製造現場のIoT化の取組みとは、現場で発生した事象やデータをIoT端末(センサなど)で検知収集して、ネットワークを経由してデータベースへ蓄積する。そして多くの収集データ(ビッグデータ)から有効なデータを取り出し、解析して全社で共有し活用することで生産性を向上させることである(**図1**)。

2. IoTの活用事例(運搬のムダを削減)

(1)倉庫、工程の運搬経路の分析

倉庫や工程では、人がフォークリフトやAGV (Automatic Guided Vehicle)などの運搬設備を使ってモノを運ぶ。この際の運ぶ経路の複雑さや余分な距離はないかを分析し、ムダを見つけて削減することで生産性を向上させる。

(2)IoT端末による情報収集

(1)の事例をIoT化するには、工場の天井に一定間隔で位置情報収集センサを取り付け、人、モノ、搬送設備に位置情報発信センサを設置して運搬経路の情報を収集し、人の位置情報、モノの位置情報、搬送設備の位置情報の結果を分析して、複雑な経路や運搬距離を改善することで運搬のムダを削減する。製造業のIoT化の事例(在庫管理、設備の予知保全)を**表1**に記す。

協働ロボットは人手不足の救世主

1. 協働ロボットの活用

労働人口の減少に対応するため、協働ロボットの活用の取組みが大変有効である。

自動車産業や電機産業で活用されている産業用ロボットは大型・大出力のため、安全上、人とロボットを柵で隔離して作業をする必要があった。協働ロボットは、人とロボットが安心して現場で共存することができるロボットである(**図2**)。

協働ロボットには以下の特徴がある。
①柔軟な作業に対応
②防護柵不要、設置場所を選ばない
③位置制御と力制御が可能
④変種変量に柔軟に対応
⑤反復作業をミスなく24時間連続で作業

2. 製造業のロボットの活用例

(1)反復的な作業工程

人が行えば必ずポカミスが発生するような反復作業のピックアンドプレイス、パレタイジング、NC機へのワークの脱着などに活用できる。

(2)ラベルの自動貼り作業

パンの消費期限のラベル貼りは品種や数量が多く、人による作業では貼り付けミスや精度のバラツキがあった。しかし協働ロボット導入で省人化、品質安定など労働生産性は2.5倍になった。

(3)工場以外の分野の協働ロボット推進事例

経済産業省が主導するロボットフレンドリー・プロジェクトでは、施設管理・食品・小売りの分野でロボット導入ハードルを下げるため、仕様の標準化・汎用化を推進しロボット導入を加速させる取組みを行っている。

図1　製造現場のIoT化の流れ

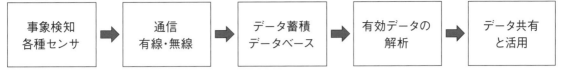

| 事象検知 各種センサ | → | 通信 有線・無線 | → | データ蓄積 データベース | → | 有効データの 解析 | → | データ共有 と活用 |

表1　製造業のIoT化の例

IoT化の例	具体的な取組み
在庫量管理	①重量センサを活用：モノのマスター（@○×kg）を設定し、置き場に重量センサを置き、その上にモノを置いていく。表示重量からモノの数を管理する ②ICタグと無線センサの活用：天井にICタグ情報収集センサを設置し、モノに取り付けた現品票にICタグを付けて置き場に置く。無線センサがICタグの位置情報と中身のデータを収集することで在庫を管理する
設備の予知 保全の例	・ 設備稼働率を向上させるため、設備に検知センサ（温度、振動、電流など）を設置して、設備の稼働中の情報（温度、振動、電流など）を連続で収集し、変化が生じた際に異常をとらえて、即時に対処することで設備の故障防止に利用する ・ 連続情報収集はPLC（Programmable Logic Controller）やIoTゲートウェイ（IoTデータを中継してサーバへ転送する役目）を使って行う ・ 検知した情報から異常を発見し、それを現場に通知し見える化するために解析ソフトが必要である

図2　産業用ロボットの導入上の課題と協働ロボットでの課題解決

産業用ロボット導入上の課題		協働ロボットでの課題解決内容
1. 同一品種・大量生産に適しており、扱うモノは同一の大きさ・形状・硬さのモノに限る	課題解決	1. 多品種少量生産に適しており、対象物の大きさ・形状を認識する装置と安定した保持を行うための力制御を実現
2. ロボット・ティーチングは専任の技術者が行い、使用者にロボット操作のノウハウがない		2. わかりやすいロボット・ティーチングシステムによりユーザーの操作が可能
3. 人が行っている力加減を要する作業の自動化が困難		3. AIの進展により力制御が可能になり、熟練作業者が行っている動きを再現
4. 場所が狭い場合、作業者に対する安全対策が十分とれない		4. AIの進展により、作業者の安全確保のための接触感知と制御が可能

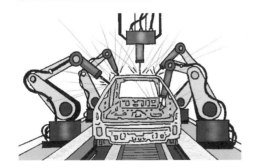
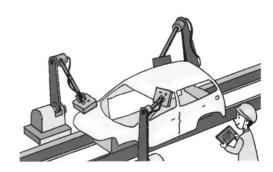

5-4 VA/VE

POINT
◆VEは開発段階から、VAは量産段階からコストを低減する手法
◆機能とコストを効率良く見直し、価値の最大化を目指す活動

VA/VE手法とは

製品の機能と総費用を分析する改善手法としてVA(Value Analysis：価値分析)、とVE(Value Engineering：価値工学)の手法がある。VAは設計開発済みの製品価値を分析し総費用の低減を図る手法であり、生産技術部門が主となって実行する。またVEは製品設計の段階から、機能と総費用の両面から価値向上を図る手法であり、設計開発部門が決定し、最小費用でつくる仕組みを生産技術部門が支援して実行する。

表1に記すVA/VEの共通計算式　V＝F/CとVA/VE効果を参考に検討を進めることが重要である。

1. VEの重要性

今日、製品への要求が複雑化・高度化している中、品質のバラツキが大きくなり、また重大な不良やクレームの発生が増加しているため、設計段階から実施するVEのほうがVAより重点が置かれている。そのため、以下VEを主に述べる。

2. VEの基本的考え方の5原則

VEの基本的な考え方を下表にまとめる。

5原則項目	考え方
①価値向上の原則	機能、コストの両面を追究して価値を向上させる
②使用者優先	使用者目線で、どんな機能を求め、何に価値を見出しているか吟味する
③機能本位	製品に具備すべき機能は何か考える
④創造による変更	固定観念にとらわれない自由な発想・根本的改善で価値を創造
⑤チームデザイン	各分野の専門家の知識をもって組織力で改善する

3. VA/VEの機能分析のステップ

VA/VEの機能分析のアプローチの仕方はまったく同じで、基本ステップは、基本定義→機能評価→代替案の作成と進めていく。**図1**のように質問をしながら詳細ステップへと展開する。

VEのもたらす効果とリスクマネジメント

1. VEのもたらす効果

VEをうまく活用展開することで、コスト低減効果だけでなく、顧客、企業、社員に満足をもたらす効果がある。

	VEの効果
顧客	価値の高い製品・リーズナブルな価格で豊かさを提供
企業	コスト低減により、利益向上を図ることができ、組織の活性化、創造性のある企業風土づくりに役立つ
社員	VE活動に参画した社員は、個人を尊重した想像力の発揮とチーム力を発揮することで目標を達成し、自己実現ができる

2. VEとリスクマネジメント

VEは、製品開発段階で技術の機能を維持・向上させてコストを下げる代替案を発案する。一方、時間の経過とともに製品への要求がより複雑化・高度化(新たな安全基準・環境基準・情報管理基準など)する場合には、顧客からのクレームが増加するようなリスクがある。VEに伴うリスクを管理し、リスク対策を講じて品質とコストが両立する製品開発を実現することが重要である。リスクマネジメントとは、想定されるリスクが起こる前に管理し、リスクの発生が原因で起こる損失を回避させる、また発生する損失を最小限に抑える手法のことである。リスクマネジメントプロセスを**表2**、リスク対策の種類を**表3**に示す。

表1　VA/VE の機能との組合せと VA/VE 効果

V（価値）＝F（機能）÷C（総費用）

組合せ	機　能		総費用		VA/VE効果
1	上げる	↗	下げる	↘	◎
2	上げる	↗	変えない	→	○
3	変えない	→	下げる	↘	○
4	さらに上げる	↑	少し上がる	→	○
5	少し下げる	↘	大きく下げる	↘	○

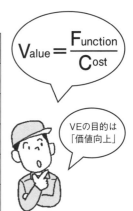

$$V_{alue} = \frac{F_{unction}}{C_{ost}}$$

VEの目的は「価値向上」

図1　機能分析のステップ

基本ステップ	VA/VE質問	詳細ステップ
機能定義	製品・部品の機能は何か？ 製品・部品の働きは何か？	VA/VE対象の情報収集 機能の定義、機能の整理
機能評価	製品・部品の価値は何か？ 製品・部品のコストはいくらか？	機能の評価、対象分野の選定 機能別コスト分析
代替案の作成	他に同じ働きをするものはあるか？ そのコストはいくらか？ それは必要機能を確実に果たすか？	概略評価 具体化・調査 詳細評価

表2　リスクマネジメントプロセス

No.	項　目	内　　容
1	リスクの洗い出し	企業や組織の事業目的に関係するリスクをさまざまな角度から洗い出して発見、特定する
2	リスクの分析・評価	洗い出したリスクについて、発生確率と影響度との2つの側面から重要度を評価する
3	リスクの対策を進める	リスク対策の方法は4種類 ①リスク回避、②リスク低減、③リスク移転、④リスク保有

表3　リスク対策の種類

リスク対応の2つのタイプ	リスク対策の4つの方法の説明
リスクコントロール	①リスク回避：起こり得るリスクに備えるために関連事業活動を停止すること
	②リスク低減：起こり得るリスクを最小限に抑える対策のこと
リスクファイナンス 経済的損失発生を回避せず、損失軽減や損失を受け入れる	③リスク移転：第三者（損害保険）に金銭的な損失を移転させること
	④リスク保有：リスクの発生を受け入れること 発生頻度が少なく影響力も小さいリスクであれば、受け入れてしまうことも必要になる

作業標準の継続的改善

POINT
◆作業標準は、良い製品を誰でも楽に早くつくる作業方法
◆職場・作業・目的に応じて最適な作業標準を作成し定着化

作業標準は改善と共通化のための基本

作業標準とは、作業条件、作業方法、管理方法、使用材料、使用設備、その他注意事項などに関する基準を定めたものである。

多くの企業では作業標準に対する認識が甘く、標準時間による管理も定着したとはいえない。作業標準は、良い品質の製品を誰でも楽に早くつくることができるように、作業の方法と行動を規定したものでなければならない。

1. 作業標準の目的

目的は、作業方法の安定化、製品品質のバラツキの削減、納期の遵守、製造原価(原材料、労務費、経費)の削減である。

2. 作業標準に組み込む内容・注意点

(1)作業標準はリーダーと作業者合意で作成

リーダーは、作業者の合意を得て現在の方法から改善を加えたものを作成する。

(2)作業標準の内容

作業標準の内容は理想的な方法ではなく、指導・訓練により誰でもできる内容にする。

中でも、不安定な作業や標準化が難しい作業(段取り替え、異常発見、運搬方法など)を改善し標準化する。

(3)作業標準の正式決定前に評価のうえ実行

正式決定前に、作成した作業標準で実際に作業を行い、評価のうえ実行する。不具合があれば修正のうえ正式実行を図る。

(4)多品種少量製品の作業標準書の表紙

食品加工など材料を一部変更して多品種の製品を製造する場合など、4M(人、設備、材料、方法)の一部分を変更して多品種化を図る場合には、表紙に4Mの特性要因図をつけて作業標準にすることを勧める(図1)。

(5)作業標準の記入ポイント

作業標準の例を以下に示す(図2)。

記入欄	記入ポイント
主な工程・手順	意味のあるまとまりで記入
ポイント	やりやすさのカン・コツを記入
注意事項	異常時の処置を記入
図解	図、イラストを多用してわかりやすく工夫して記入

作業標準を定着させるプロセス

1. 職場リーダーの積極的な関与が必要

部下に職場の作業標準を徹底させ定着を図るには、職場リーダーの積極的な関与が必要である。部下の力量を判断し、教える内容・教え方を考慮した学習計画を立て、学習定着効果のあるメディアを選択し、作業標準書を作成する。既存の古い作業標準書は問題点を見つけ毎年改訂し、常に最新・最善な状態を保つ必要がある。

2. リーダーによる部下の教育支援で定着

作業標準は、各社独自の作業方法をどのように実施するかをルール決めする。その内容は各社さまざまである。作業標準の教え方には、文字による教え方、文字と静止画による教え方、動画のデモンストレーションによる教え方などがある。媒体による定着率は、文字→静止画→動画の順に高まる。さらに定着率を高めるには、リーダーが部下に「手本をやってみせて、部下にさせてみせ、うまくできれば部下を褒める」など部下の成長を支援することが必要である(図3)。

図1 多品種少量製品における作業標準の表紙の例

●○風味のソース

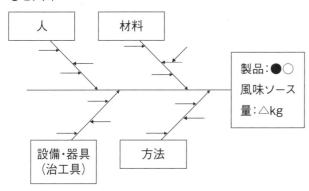

【4Mの押さえどころ】

製品名:●○風味のソース

量:△kg

①Man(人): 初心者、習熟者、専門家

②Machine(設備): 設備・器具(治工具)

③Material(材料): A:○kg、B:×g、C:△g、水:□cc

④Method(方法): AとBと水を入れ沸騰してからCを入れ、80℃で10分加熱するなど

図2 作業標準の例

部署名	軸加工	改訂履歴		作成者	承認者
工程名	旋盤	毎年改訂する			
作業名	○○粗切削				

NO	主な工程・手順	ポイント	注意事項	図解
1	材料をチャック取り付け			
2	芯押台で材料固定			
3	バイトを確認する	超合金バイト	刃先工作物の中心	
4	切削条件決定		主軸回転数、切削速度	
5	切り込み量決定		2mm以下	
6				
7	意味のある「ひとまとまり」で記入	やりやすさのカン・コツを記入	異常時の処置を記入	工作物 バイス
8				図、イラストを多用してわかりやすく工夫して記入
9				
10				

図3 リーダーの部下の教育支援

やってみせ 言って聞かせて させてみて ほめてやらねば 人は動かじ 山本五十六

この工具はこうやって使う / はい / まずリーダーがやってみせる

じゃあやってみて / はい / 次は部下にやらせてみる

すごい!うまくできてるよ / ありがとうございます / うまくできたら部下を褒める

目で見る管理

目で見る管理が成功するステップ

目で見る管理とは、職場の全員が目で見て仕事の具合が正常か異常かの判断が素早くでき、対策につなげることである。目で見る管理を成功させるには、ステップ1（整理・整頓で現場をスッキリさせる）→ステップ2（標準化で職場ルールを統一する）→ステップ3（目で見る管理で見える化する）で進める。

1．ステップ1：整理・整頓

整理とは、必要なモノと不要なモノを区別し、不要なモノを処分することである。整頓とは、必要なモノの指定席を決め、取り出しやすいようにすることである（目で見る管理の基本）。

（1）整理・整頓の実施の進め方

全社で取り組み、**表1**のような整理・整頓評価シートを作成し活用する。数人でのパトロールを実施し、個人およびグループ評価点を記入し、評価点の低い項目の改善を進める。これを継続して繰り返すことで、整理・整頓のレベルを上げていく。整理・整頓が向上すると、人や設備、仕掛品のムダが見えやすくなり改善につながる状態がわかってくる。

（2）整頓の実現で探すムダ削減

整頓ができると、部品の置き方や保管量が明らかになる。在庫の過不足がわかるようになり、工場全体の見える化によって「探す時間のムダ」が削減される。

2．ステップ2：標準化（作業標準の徹底）

作業標準は、前項「5-5 作業標準の継続的改善」に詳細を記述したが、要約すると「誰でも決められた方法・時間で、作業できるように見える化し

たもの」である。

3．ステップ3：目で見る管理の実行

（1）現場で見える化すべき項目

現場で見える化すべき項目は、一般伝達事項をはじめ多数あるが（**図1**）、まずは必須項目や身近なところから取りかかり、皆が「見える化効果」を実感できたら、「見える化する対象」を拡大していくとよい。各々がまずしっかり現場を見渡して、目で見る管理を実施する。

（2）職場安全を最優先で見える化

企業存続は、まず社員あってであると考えると、職場安全を最優先に「一目瞭然」の見える化を図ることが重要である（**図2**）。

	安全管理情報の見える化項目
1	危険標識・避難経路
2	危険物表示（毒物・放射線）
3	安全衛生表示（作業環境）
4	通路・作業エリア表示

（3）目で見る管理を推進する仕組みづくり

目で見る管理を企業に定着させ、継続させるには、下表の4つの「仕組み」が必要である。

仕組み	内　　容
1	社長をトップに推進体制の組織化
2	社長号令による全員参加のキックオフ
3	目で見る管理パトロールを実施評価する
4	マンネリ化防止のための工夫

特にマンネリ化防止の工夫は重要であり、重点目標などは目先を変え毎月変更する。また良い事例の表彰制度などにより定着を図る。

ぜひとも「目で見る管理」に全社で取り組み、全社員のモチベーションを向上させて素晴らしい企業に変身してほしい。

表1 整理・整頓 評価シート

項目		内容	評価点(小計)		中計
			個人	グループ	
整理	1	現場に設備、機械、装置、金型、治工具、刃物、備品で不要なモノはないか			
	2	在庫や仕掛品で不要なモノはないか			
	3	頻繁に使用するモノは工具の図を描いてわかりやすくしているか			
	4	たまに使用するモノは集中棚などで置き場を工夫しているか			
整頓	5	棚や保管庫の番地表示がされているか			
	6	棚や保管庫に品目表示とモノの品目表示がされているか			
	7	最大在庫量や最小在庫量が決められているか			
	8	通路やストア制度の場所が明確に決められているか			
合計(平均点)					

【評価点】
・完璧にできている ………… 5点
・ほぼできている ………… 4点
・一部できている ………… 3点
・不十分で改善個所が多い … 2点
・まったくできていない……… 1点

合格の合計点 32点以上(80%)

出典:『トコトンやさしい改善七つ道具活用術』
(日刊工業新聞社)
5S基礎レベル評価シートを参考に筆者作成

やるべきことが見えてくる!

図1 現場で見える化すべき項目の例

営業情報 クレーム発生件数						
製品	1月	2月	3月	…	11月	12月
A	2	0	5		1	0
B	0	3	1		1	0

労務管理情報① 多能工育成スケジュール						
	1月	2月	3月	…	11月	12月
マシニング	Aさん					
研削盤			Bさん			

整理・整頓情報 整理・整頓パトロール結果				
職場	整理		整頓	
旋盤加工	20	△	32	○
マシニング加工	32	○	15	×
フライス加工	15	×	15	×

労務管理情報② 改善提案	
氏名	改善提案内容
深川	予算100万円で、検査工程に協働ロボット導入
水野	マシニング1台追加導入により納期短縮
藤野	レイアウトを変更しAGV導入により生産性向上

図2 安全管理情報

危険標識・避難経路

避難経路

危険

さわるな危険

感電の恐れあり

危険物表示(毒物・放射線)

放射線注意

危険区域

安全衛生表示(作業環境)

安全第一
SAFETY FIRST

職場の安全が最優先

通路・作業エリア表示

通路

127

到達度評価チャート：【初級編】(担当して1～2年)

No		評価項目	評価
お客様対応	1	お客様の要求(納期)に応じた納期管理ができる	
	2	お客様の急ぎ品(特急品)にも現場担当を説得し、客先要求納期に対応できる	
	3	お客様のクレーム管理に適切に対応できる	
	4	自社の管理ミスで納期遅れが発生した場合、お客様に適切に伝え、納期変更対応ができる	
現場改善	5	生産管理項目に対し、毎月改善提案ができている <月の提案：1件(3点)、2件(4点)、3件以上(5点)>	
	6	過剰在庫や置場の整理・整頓に対し、改善を推進できている	
	7	QC(品質)管理が理解でき、パレート図・特性要因図は作成できる	
	8	不適合発生に対し、お客様や現場担当とのコミュニケーションができている	
システム改善	9	簡単なIT化改善ができる	
	10	在庫管理やシステム化改善ができる	

50点満点中、30点以上合格【レベルアップ編】へ ⇔ 合計

1点	2点	3点	4点	5点
まったくダメ	今一歩	一応合格	良好	ほぼ完璧

到達度評価チャート：【レベルアップ編】(担当して3年以上)

No		評価項目	評価
計画・運営	1	各ラインの必要工数の把握ができ、良好な生産計画が作成できる	
	2	各ラインに生産性向上に関わる提案ができ、効果的に推進できる	
	3	各工程の標準時間の見直しを提案でき、適切な計画に活かせる	
	4	作成された計画に対し、効率的・効果的なフォローができる	
提案と運用	5	在庫削減のための計画的な改善・運用ができる	
	6	社内の異常管理や客先クレームなどに対し、現場担当者を含めてリーダーシップをとり、推進することができる	
	7	納期遅れや納品バラツキのない柔軟な運用ができる	
システム化	8	現場担当に対して標準時間の改善点が指導・推進できる	
	9	システム化遅れ業務についてシステム化提案と改善ができ、コスト削減に貢献できる	
	10	将来のDX化に必要な提案ができる	

50点満点中、30点以上合格 ⇔ 合計

1点	2点	3点	4点	5点
まったくダメ	今一歩	一応合格	良好	ほぼ完璧

■参考文献

第2章　なぜ生産管理が必要なの？～良い品質の製品を効率的につくる～

・『生産現場の管理手法がよ～くわかる本』　菅間正二　秀和システム　2013年
・『トコトンやさしい工程管理の本』　坂倉貢司　日刊工業新聞社　2016年
・『現場の管理と改善講座　不良低減』名古屋QS研究会編　日本規格協会　1994年
・『現場の管理と改善講座　異常・クレーム管理』名古屋QS研究会編　日本規格協会　1994年
・『現場の管理と改善講座　労働安全衛生』名古屋QS研究会編　日本規格協会　2004年

第3章　生産管理って何をするの？～良いモノを利益が出るようにつくるために計画・管理する～

・『生産管理論』　澤田善次郎　新葉社　1990年
・『生産管理の基本』　加藤治彦　日本能率協会マネジメントセンター　2012年
・『生産管理の基本としくみ』　田島悟　アニモ出版　2010年
・『生産性向上の理論と実践』　梶浦昭友　中央経済社　2016年
・『実践 現場の管理と改善講座 設備管理』　名古屋QS研究会編　日本規格協会　2001年
・『生産現場の管理手法がよ～くわかる本』　菅間正二　秀和システム　2013年
・『トヨタの自工程完結』　佐々木眞一　ダイヤモンド社　2015年
・『短期間で組織が変わる行動科学マネジメント』　石田淳　ダイヤモンド社　2007年
・『職長の能力向上教育テキスト』　中央労働災害防止協会編　2020年
・『生産管理用語辞典』　社団法人日本経営工学会編　日本規格協会　2007年

第4章　生産現場の管理指標～生産現場が達成すべき目標を明確にする～

・『中小企業の財務分析』　宇田川荘二　同友館　2020年
・『現場のIEテキスト 上』　石原勝吉　日科技連出版社　1978年
・『よくわかるIE七つ道具の本』　藤井春雄　日刊工業新聞社　2011年
・『よくわかるこれからの納期管理』　成田守弘　同文舘出版　2008年

第5章　モノづくりの現場の基本手法

・『わかりやすい生産管理』　泉英明　日刊工業新聞社　2015年
・工場管理2020年4月臨時増刊号『儲かる会社の課題解決力』　日刊工業新聞社　2020年
・工場管理2016年4月臨時増刊号『トコトンやさしい改善七つ道具活用術』　日刊工業新聞社　2016年
・『「7つのムダ」排除 次なる一手』　山田浩貢　日刊工業新聞社　2017年

■執筆者紹介 (執筆順)

藤井 春雄 (ふじい はるお)　　　　　　　　　●執筆担当　p.6〜p.17

㈱経営技術研究所 代表取締役、中小企業診断士
［得意分野］
TPS (トヨタ生産方式) 国内・海外指導および講演、経営改善指導、TPM実践指導、生産性向上、企業再生、各種講演、教育 (IE・VE・QC・リーダー育成ほか)、ISO認証取得指導 (品質、環境、労働安全、食品安全、情報、プライバシーマーク)、農林漁業生産性向上指導、HACCP、JGAP
［主な役職］
一般社団法人東海経営支援センター［TMS］理事会長、一般社団法人農業経営支援センター相談役 (前代表理事)、一般社団法人日本生産管理学会 代議員、標準化研究学会 副会長
e-mail：keieigijyutu@mva.biglobe.ne.jp

水間 郁夫 (みずま いくお)　　　　　　　　　●執筆担当　p.18〜p.33

中小企業診断士、技術士 (機械部門)
［得意分野］
1．冷凍・空調関連技術、2．自動車関連技術、3．コールドチェーン、4．新製品開発、新規事業開拓、5．経営全般サポート
e-mail：mizuma.ikuo@gmail.com

梅村 彰 (うめむら あきら)　　　　　　　　　●執筆担当　p.34〜p.49

創和マネジメント 代表、博士 (工学)、中小企業診断士、ファイナンシャルプランナー
［得意分野］
部門別収益性に基づく改善計画策定、収益性改善実践、経営計画の策定と実行支援、営業・製造・サービス業の組織・人材活性化、ファシリテーション、研修講師 (マーケティング、商品開発、販路開拓など)
［主な役職］
一般社団法人東海経営支援センター［TMS］代表理事、一般社団法人日本生産管理学会理事、 標準化研究学会理事
e-mail：profit-management@live.jp　　HP：http：//profit-management@live.jp

小西 英一 (こにし えいいち)　　　　　　　　●執筆担当　p.50〜p.65

VISTAビジネスパートナー 代表　中小企業診断士、ITコーディネータ、事業承継マネージャー (金融検定協会認定)、ターンアラウンドマネージャー (金融検定協会認定)
［得意分野］
チームビルディングによる組織活性化、ビジネスマーケティングコミュニケーション (BtoB領域のマーケティング・営業支援)、生産性向上支援、中小企業向け人事制度構築支援
［所属］
一般社団法人東海経営支援センター (常務理事)
e-mail：e.konishi@vista-bp.com

古井 武（ふるい たけし）　　　　　　　　　　●執筆担当　p.66〜p.81

FRI ソリューション 代表、中小企業診断士、宅地建物取引士、複合技能士、ISO9001/IATF16949審査員
［得意分野］
品質管理、生産管理を中心に現場改善および人材育成、ISO9001/IATF16949認証取得指導支援
［所属］
一般社団法人持続可能なモノづくり・人づくり支援協会（略称ESD21）理事、一般社団法人東海経営支援センター、一般社団法人日本生産管理学会、社団法人中小企業診断協会
e-mail：takeshi098890@yahoo.co.jp

深谷 定弘（ふかや さだひろ）　　　　　　　　　●執筆担当　p.82〜p.97

深谷経営研究所 代表、中小企業診断士、ISO22000審査員補、物流技術管理士
一般社団法人東海経営支援センター［TMS］理事、一般社団法人農業経営支援センター副代表理事
［得意分野］
食品安全、在庫管理、需要予測、物流改善、養液栽培、植物工場、農業経営
e-mail：fukaya@fukaya-bc.com　　HP：http://www.fukaya-bc.com/

佐藤 俊一（さとう としかず）　　　　　　　　　●執筆担当　p.98〜p.115

佐藤マネジメントコンサルティングオフィス 代表、中小企業診断士、ITコーディネータ
事業承継マネージャー、ISO9001 QMS審査員補
［得意分野］
1．業務改善/仕組み構築・改革＆実行支援コンサルティング（生産現場改善、生産財営業、製販連携、在庫、納期、組織力強化など）、2．企業内課題解決型カスタマイズ研修（生産現場改善、生産財営業の問題解決、生産管理、業務改善、組織力強化、問題解決力向上、技能伝承など）
［所属］
一般社団法人日本生産管理学会、一般社団法人日本経営診断学会、標準化研究学会
e-mail：toshi-aoba@mub.biglobe.ne.jp

美濃浦 比佐雄（みのうら ひさお）　　　　　　　●執筆担当　p.116〜p.127

ドライ・マネジメントオフィス 代表、中小企業診断士、事業再生士補
［得意分野］
経営戦略立案、マーケティング、組織改革・人材育成
［所属］
社団法人中小企業診断協会、一般社団法人日本生産管理学会、標準化研究学会監事、
一般社団法人東海経営支援センター理事
e-mail：h-mino@hotmail.co.jp

〈編者紹介〉
実践マネジメント研究会

「生産性向上」「品質向上」「コスト削減」「納期改善」などモノづくり企業が抱えるさまざまな課題を解決し、経営改善を主導してきたノウハウを蓄積。その粋を月刊「工場管理」誌などを通じて長年披露している。IE手法の展開と徹底に関する指導力には定評がある。

───　代表連絡先　───

㈱経営技術研究所　　代表取締役　藤井 春雄

〒464-0075　名古屋市千種区内山3-11-17 みのかめビル3階C号室　　e-mail：keieigijyutu@mva.biglobe.ne.jp
TEL：052-744-0697　FAX：052-744-0698　　　　　　　　　　　　　URL：https://kgk-f.com

●本文イラスト　中嶋 洋子（㈱経営技術研究所）

モノづくり現場1年生の
生産管理はじめてガイド

NDC 509.6

2024年4月20日　初版1刷発行

定価はカバーに表示してあります

　　　　　　　Ⓒ編　者　　　実践マネジメント研究会
　　　　　　　　発行者　　　井　水　治　博
　　　　　　　　発行所　　　日　刊　工　業　新　聞　社
〒103-8548　東京都中央区日本橋小網町14-1
　　　　　　　　電話　書籍編集部　　　03-5644-7490
　　　　　　　　　　　販売・管理部　　03-5644-7403
　　　　　　　　　　　FAX　　　　　　03-5644-7400
　　　　　　　　振替口座　　　　　　　00190-2-186076
　　　　　　　　URL　https://pub.nikkan.co.jp/
　　　　　　　　e-mail　info_shuppan@nikkan.tech

　　　　　　　　印刷・製本　　　　　新日本印刷